IVESHAMA

CHAMANISMO ANDINO AMAZÓNICO

Chamalú

ISBN: 978-99954-2-641-5
INTRODUCCIÓN

Alguien canta a lo lejos, escucho, son los sonidos que la montaña expande, es nítido el silencio en los intervalos, no identifico al que canta, quizá sea un eco de otros tiempos.

Estoy sereno, el frío visibiliza mi aliento, la montaña parece cansada por tanta irreverencia, mi tráfico mental decrece, alguien canta en mi memoria.

Poco a poco se escurre el día, las primeras estrellas chispean en las alturas, el color de este momento vespertino me recuerda a la eternidad; retroceden mis últimos recuerdos, dejando un silencio unánime. Presiento que mi vida pasa de prisa.

Ya es de noche, la oscuridad se insinúa hipnótica, recuerdo la mirada del jaguar en la selva, su deslizar sigiloso, alerta, sereno; recuerdo el fuego ceremonial, la palabra del Abuelo, el silencio del Anciano.

La Selva somos nosotros, decía una Mujer indígena, su piel sudorosa emanaba sensualidad sin intervalos, símbolos negros y rojos sobre su cuerpo guardaban antiguos secretos; jóvenes parejas comenzaron a danzar tomados de la cintura.

En la selva, la magia se vuelve fiesta en la ceremonia; en la montaña, lo sobrio deviene en ritual, dejando al misterio encender curiosidades y apagar certezas.

Chamanismo es sabiduría indígena, es conocimiento vivo, asomando ahora a las puertas de tu vida. IVESHAMA es la metodología creada a partir de este milenario conocimiento, expresado en las culturas de los Andes y la selva amazónica. Mi trabajo interior y mis experiencias de 25 años, se sumaron a la construcción del presente método chamánico, destinado a transformar vidas, convirtiéndolas en felicidad, amor, salud y libertad.

Muchos de estos conocimientos fueron en principio secretos, sin embargo, la epidemia de infelicidad y la dramática situación ecológica que vive la Madre Tierra, junto con el pedido de varios Abuelos, me convencieron a compartir estas enseñanzas diseñadas para convertirse en un estilo de vida, donde la vida sea lo más importante.

IVESHAMA es el libro de los secretos indígenas revelados, es un ramillete de otros saberes que tiene la intención de devolver la sensibilidad perdida al Hombre y el poder pendiente a la Mujer.

Bienvenidos los Valientes
CHAMALÚ
Los Andes, Marzo 2013

CAPÍTULO 1

UN ENCUENTRO CON LA MAGIA DE LA VIDA

Me encontraba en la ciudad de Guatemala, eran las 9 de la noche, concluía mi conferencia sobre Chamanismo Andino. Hacía unas horas, el volcán activo vecino de la población de Antigua me había recibido con una abundante fumarola. Me sentí bienvenido a la tierra de los Mayas; su artesanía es un agasajo para los ojos; ellos continúan realizando sus rituales en sus antiguos centros ceremoniales, no les importa que actualmente haya una iglesia encima; su comunicación con lo sagrado, mediante el ritual, es directo.

Al terminar la conferencia, un hombre se acercó y me dijo que había unas personas que deseaban saludarme. Accedí a su pedido. Caminamos en dirección a un auto. Me invitó a subir. Dentro constaté que había tres personas. Partimos de inmediato. Pensé que sería un recorrido corto. Detrás venían dos autos más. "Queremos mostrarle algo", me dijo uno de ellos y luego retornó el silencio, mientras las calles, cansadas de tanta pobreza, quedaban atrás, algunas carecían de la iluminación adecuada.

Poco a poco, la ciudad comenzó a desaparecer, algunas casas, agachadas y dispersas se confundían con las sombras. Comenzamos a subir una montaña. El camino renunció al asfalto e incorporó sonidos novedosos; el silencio continuaba instalado en el auto. Parecía un secuestro. Una hora después, estacionaron los tres autos. Alguien dijo que teníamos que caminar un poco más, que debíamos darnos prisa porque necesitábamos llegar antes de la medianoche. En mi memoria estaban las montañas de Bolivia y mi reciente llegada a Guatemala desde El Salvador, a donde había llegado desde México (había tenido un vuelo turbulento y demoras migratorias). Ahora me encontraba en alguna montaña, caminando, rodeado de hombres, sin saber hacia dónde nos dirigíamos.

Llegamos a un lugar silvestre, había varios árboles cerca, testigos gigantes dispuestos a presenciar en silencio el motivo de aquella extraña reunión. Me pidieron esperar un momento. Estaba solo. Me sentí solo. Parecía una emboscada de sombras anónimas. Algún sonido novedoso, a lo lejos, me recordaba que estaba en tierras distintas a las habituales.

Minutos después, regresaron los mismos hombres con vestuario diferente, se sentaron en círculo, uno de ellos preparó y encendió el fuego al centro; el más anciano tomó la palabra y dijo que eran sacerdotes mayas, que este era un sitio ceremonial Maya desde la antigüedad, un lugar secreto al que solo van para realizar rituales y que al saber de mi presencia en Guatemala, decidieron darme la bienvenida ceremonial; otro anciano sacó algunos papeles de su bolso, parecían antiguos y me dijo que con ellos estaban formando a sus jóvenes y cuando me permitió verlos, eran fotocopias de mis libros, antiguas fotocopias que quizá pasaron por tantas manos que ya parecían antiguos pergaminos.

Me dijeron que me llevaron a ese ritual para que escuchara la voz del Abuelo Fuego, que a los instantes comenzó a hablar en voz del más anciano. Me dijo cosas que habían pasado en mi vida y me anticipó situaciones que ocurrirían conmigo próximamente. Finalmente, me dio algunas enseñanzas para no flaquear mi paso. Eran pruebas duras, al principio dudé de su veracidad, sin embargo, los próximos meses se ocuparon de recordarme que realmente existen otras capacidades, otras maneras de decodificar la realidad, otros saberes que el hombre occidental insiste en desconocer, sin darse cuenta que accediendo a ese conocimiento, puede adquirir el poder de transformar su vida y hacer realidad sus sueños.

Cuando niño, mi bisabuela quechua, analfabeta, me devolvió la salud y la vida con un ritual sanador, después que en el hospital del pueblo ningún médico pudo diagnosticar ni curar mi problema. La bisabuela no sabía leer libros, pero entendía el idioma del vuelo de las mariposas, decodificaba el canto de los pájaros, entendía las huellas de los animales, leía las nubes como si fueran páginas gigantes de un libro reservado para gente sensible, comprendía el idioma del fuego y de la planta sagrada. Después me contaron que el médico la insultó, llamándola india analfabeta; sin embargo, el médico solo sabía leer libros y ni siquiera sabía que no sabía.

Ese ritual me marcó toda la vida. Crecí sospechando que hay algo más, que la vida es otra cosa, que hay secretos que en ninguna escuela oficial se enseñan. Una noche, a mis 9 años, en el jardín de una casa antigua donde vivíamos con mis padres, comencé a ver una esfera giratoria luminosa; en el centro parecía tener un eje que se contraía y dilataba constantemente. Asombrado, le mostré a mi hermana menor esa esfera de luz que estaba sobre un arbusto, sin embargo, ella no veía nada, aumentando de esta forma mi confusión.

En otra oportunidad, mientras jugaba en la misma casa al borde de un estanque, comencé a escuchar una voz; me hablaba del fin del mundo, de que no era posible vivir indefinidamente haciendo daño a la Madre Tierra. Vi imágenes borrosas en el agua, catástrofes. Permanecí mareado, asustado. Era mi primera lección de ecología desde la otra realidad.

Apenas comenzaba mi adolescencia. Sentí ganas de comprender lo que me estaba pasando.

Mi bisabuela ya había partido y la abuela que vivía con nosotros (mujer de montaña) tenía otro tipo de conocimientos. Ella fue mi maestra del amor incondicional, del dar a cambio de nada, de la solidaridad convertida en estilo de vida y, simultáneamente, de la importancia del disfrutar de la alimentación. Aún recuerdo que todo lo que pasaba por sus manos tenía un sorprendente sabor, sin duda usaba con intensidad el condimento del amor.

A los 15 años comencé a escuchar más cosas, voces en la noche, mensajes que en mi inexperiencia juvenil no supe decodificar adecuadamente, de manera que mis padres terminaron llevándome a la consulta psiquiátrica y al consumo temporal de psicofármacos. Caminé durante unos meses al borde del desequilibrio, o quizá atravesé la locura como un tren que pasa por un túnel sin detenerse.

En otra oportunidad, me encontraba en la montaña cerca de casa, junto a un lago, a más de cuatro mil metros de altura; estaba acostado sobre el suelo, con los ojos cerrados, cuando se presentó un cóndor y voló tan cerca mío que escuché nítidamente a sus impresionantes alas desplegadas, que con elegancia cortaban el aire y producían un sonido casi musical. Demoré unos años en comprender el significado de esa experiencia.

Posteriormente, también acostado sobre la tierra, escuché un tambor a lo lejos, un tambor inmenso, latiendo como un corazón y, a continuación, la respiración de un animal gigante, tan cerca, que preferí no abrir los ojos. No sé cuánto tiempo duró esa experiencia. Algunas veces se repitió en los sueños, incluso llegué a confundir la realidad con el mundo de los sueños. Fue entonces que decidí (ya pronto cumpliría 18 años) buscar ancianos de sabiduría que me orientaran, necesitaban saber qué me estaba pasando, comprender los mensajes que estaba recibiendo, necesitaba poder organizarme para no ser absorbido por el abismo del desequilibrio. Tampoco quería desperdiciar esa oportunidad, era una puerta que me atraía y generaba temor al mismo tiempo. Recordé a mi abuela que un día me dijo: "Todo está vivo", ese día en que la vi hablando con el río.

Tenía 17 años cuando comencé a buscar Abuelos. Mi abuela se estaba despidiendo y mis preguntas se habían multiplicado. Me informaron de un anciano sanador que vivía en la parte alta de una pequeña montaña, al sur de Cochabamba. Comencé a buscarlo y me presenté ante él. Le aclaré que no estaba enfermo sino que buscaba conocimiento, que quería ser chamán como él, que tenía muchas preguntas, que buscaba formarme con él, que estaba dispuesto a todo lo necesario para adquirir ese conocimiento.

Me miró con desconfianza. En principio rechazó mi solicitud, pero era tanto mi entusiasmo y mi insistencia, que terminó aceptando a medias. Me pidió que primero fuera a ayudarle en cosas que precisaba en casa. Me informó que presentía su pronta partida. Él tenía dos hijas de seis años y me comentó que sus hijos mayores no estaban interesados en su conocimiento, que habían salido de viaje sin volver jamás. Me explicó que estaba mal visto que uno se marchara llevándose lo que otros compartieron con él.

Al día siguiente volví a su casa, y al siguiente, y al siguiente, y así durante dos años, momento en que se marchó. Poco a poco fui ganando su confianza y accediendo a su conocimiento. Lo primero que aprendí fue a conocer, desde la cosmovisión andina, la salud y la enfermedad, así como la manera en que se puede ir retornando a la salud. Aprendí cómo usar distintos elementos naturales en la perspectiva de devolver la salud y, al mismo tiempo, mantenerse sanos. Aprendí, mediante él, conocimientos que sus mayores le habían compartido, secretos de los Abuelos para no enfermarse y para recuperar la salud, en especial de aquellas enfermedades que los médicos llaman incurables. Entonces, comencé a comprender lo que la bisabuela había hecho conmigo cuando niño.

El anciano había partido. Comencé a buscar otros abuelos. Poco tiempo después, encontré otro que partió a los seis meses. Organicé mi propia universidad alternativa y chamánica con mujeres y hombres de conocimiento. Algunos se negaron a compartir sus conocimientos, otros simplemente aparentaban saber sin poseer nada profundo; sin embargo, conocí algunos, en especial aquellos que aparentaban no tener ningún conocimiento, que me sorprendieron con su manejo de energía, con la capacidad de sanar y resolver problemas de otra manera.

Con el tiempo, aprendí a diferenciar al portador de conocimiento del charlatán, al que solo busca dinero rápido del hombre o mujer de sabiduría, al estafador del chamán auténtico. Poco a poco fui adentrándome en el mundo mágico del chamanismo, descubriendo la clave de sus rituales, la fuerza de las ceremonias y la importancia de la coherencia como contexto donde se manifiesta el poder.

No siempre fue fácil. Muchas cosas resultaban ser incomprensibles, pruebas que solo tiempo después llegaba a comprenderlas; algunas eran básicamente para fortalecer mi voluntad, para potenciar mi disciplina, para probar mi decisión y mi paciencia.

Estos conocimientos con su exotismo y carácter secreto, eran doblemente útiles, al estar durante mi juventud viviendo una época de dictadura militar en Bolivia, de persecución y privación de libertad para todos los que salieron del conformismo o superaron el miedo. En ese tiempo, era simultáneamente un militante maoísta que apostaba su vida a la revolución. Entonces, todo el conocimiento chamánico que aprendía era un escudo y protección. Aprendí desde joven a transitar el mundo interno y mágico, junto con los senderos del más riguroso mundanismo, salpicado de violencia e injusticia.

Poco a poco comencé a salir del lugar donde vivía, a veces escapando de la persecución política por ser dirigente revolucionario, otras buscando más Abuelos, y siempre aprendiendo y creciendo. Mi escuela invisible fue rigurosa. Con frecuencia aprendía y simultáneamente tenía que poner en práctica lo recientemente aprendido. El chamanismo en mi caso, fue terapia, profesión y recurso de supervivencia.

A los 20 años, contra mi voluntad, empezaron a aparecer pacientes, gente que requería ayuda terapéutica. A los 25 ya había viajado por algunos países vecinos, siempre buscando hombres y mujeres de sabiduría que me transmitieran más conocimiento. A los 29 años ya deambulaba por Europa, siempre buscando aprender, pero también sanando e impartiendo enseñanzas.

Varios Abuelos me pidieron compartir lo recibido a quien cumpliera los requisitos de reverencia y disciplina. Varios de ellos me enseñaron con la condición de hacer lo mismo. De manera que, naturalmente desemboqué en un contexto de enseñanza que me permitió tener alumnos y aprendices, gente de diversa edad que se acercaba a mí buscando formación. Al principio, casi siempre eran personas de mayor edad que yo, lo cual me causaba sorpresa, obligándome en muchos casos a aumentarme los años que tenía, para evitar prejuicios debido a mi juventud.

Sin embargo, mi búsqueda de conocimiento no cesaba y de esa manera terminé conociendo la cultura Mapuche en Chile y Argentina, a sus mujeres de sabiduría, las Machis, con quienes compartimos en diversas oportunidades. Fui también recibido en ceremonia y adoptado por una de ellas como hijo. También fui recibido ceremonialmente por los Pages guaraníes, gente sabia que está reconstruyendo sus raíces y conocimiento al sur de Brasil, Paraguay y Uruguay. Posteriormente, recorrí de sur a norte Brasil, navegué por el río Amazonas y compartí con varias tribus. Cada una de ellas tiene mucho que enseñar. Resulta sorprendente cómo los colonizadores prefirieron destruirlos en vez de formarse con ellos, beneficiándose de ese milenario conocimiento.

Un anciano Chibcha de Colombia compartió sus secretos conmigo, poco tiempo después ya no estaba en la Tierra. Varios sacerdotes mayas, en distintos tiempos y lugares, me enseñaron lo que es y lo que no es de su cultura. Una anciana indígena, en una reserva en USA cerca de la frontera con Canadá, me confesó que fue discípula de una piedra, que incluso le dictó un libro. Ella enfatizó en ese encuentro la importancia de agradecer, porque la vida es un regalo mágico. En otra oportunidad, en Francia, me presentaron a un shaman de Madagascar que me contó, confidencialmente, conocimientos que le había transmitido un árbol, que en realidad era su principal maestro.

Y cada uno de ellos, a su manera, me fueron proporcionando una parte del rompecabezas de mi vida, que de esta manera se fue reconfigurando, adquiriendo sentido y así se fue reconstruyendo mi raíz, recobrando mi poder y con ello mi capacidad de autogobierno. Entonces comprendí mi vida y aprendí a tomar las riendas de ella en mis manos, a curar mis heridas, esas que nos deja la vida casi a todos; descubrí que el ritual no es algo que ocurre en un lugar y tiempo determinados, que nuestra vida entera puede ser un sagrado ritual, que solo hace falta aprender a manejar la energía.

Aprendí también la importancia de convertirme en un guerrero imperturbable, en un caminante indetenible, en una persona capaz de generarse bienestar y felicidad sin depender del entorno, a conservar mi salud y el poder ayudar a los demás de manera diferente. Poco a poco me fui convirtiendo en hombre de conocimiento, en realidad los demás fueron los que primero se dieron cuenta, yo sigo considerándome un aprendiz, aunque al ver todo lo que sé y lo que hice, me quedo sorprendido. Lo interesante es que este es un camino abierto a todos, o por lo menos a todos los que estén dispuestos a repensar su existencia y en un acto de valor, a hacerse cargo de la vida y de que esta sea vivida en su versión plena, hasta el último día.

CAPÍTULO 2

INKA LEUMBERRI: EJEMPLO DE TRANSFORMACIÓN

A mis 29 años fundé la primera comunidad chamánica de Bolivia. Me pidieron que compartiera y consideré que la mejor manera de hacerlo era volver a construir la comunidad, la tribu como forma básica de vida. Compré unos terrenos cerca de Cochabamba, junto a la montaña sagrada y allí comencé a recibir aprendices. Construimos nuestras casas circulares de tierra y madera, unas con techo de paja y otras con hoja de palmera. Los indígenas siempre fuimos ecologistas, para nosotros la Tierra es nuestra madre y todo está vivo, todo es uno y lo que le pasa a la Tierra, nos pasa a nosotros mismos. El occidental nunca entendió que cuando cortan un árbol, nos están asesinando a nosotros mismos, que no es posible la vida sin la naturaleza.

Cuando la vi, ella tenía una luz diferente. Nos encontrábamos en una jornada chamánica en Pontos, España. Había más de 200 personas recibiendo enseñanza pero solo una había llamado mi atención. Era joven y fuerte, se entregaba completamente a cada experiencia. Su inicial mirada, casi extraviada, a la conclusión del tercer día irradiaba felicidad.

Al terminar el tercer día, le invité a formar parte de la nueva comunidad que estábamos construyendo en Bolivia. Aceptó la invitación, sin embargo, demoró en integrarse a ella. Cuando finalmente llegó a Bolivia, se integró al grupo de aprendices con el mismo fervor demostrado en el retiro chamánico. Comenzó a realizar los trabajos externos e internos. De esa manera, gradualmente se fueron curando las heridas de su alma. Poco a poco fue superando los miedos, las carencias, los traumas, las represiones, poco a poco fue aprendiendo a observarse, a conocerse, a transformarse, a crecer y luego a gobernarse.

Después de algunos años recibió su nombre ceremonial: INKA LECUMBERRI. Su inicial pelo corto comenzaba a crecer, igual que su sensibilidad. Poco a poco fue incrementándose en ella una sensibilidad sanadora, de manera que encaminamos la siguiente fase de su formación chamánica, en la perspectiva de la sanadora.

Cuando su pelo ya había rebasado la cintura, sus manos comenzaron a curar, a ver como si existieran ojos en sus palmas. Su formación fue complementada con el encuentro con otros sanadores y, poco a poco, comenzó a liberar un potencial sanador sorprendente. Aprendió rápidamente a leer las hojas de la planta sagrada y de esta manera poder diagnosticar enfermedades y problemas; aprendió a leer la energía que extrae del paciente al pasarle con un huevo, esa ecografía ancestral a partir de la cual nuestros antepasados miraban el cuerpo por dentro; aprendió a viajar a sus otras vidas y, después, a las vidas pasadas de sus pacientes, cuando los guardianes le autorizaban; aprendió a hablar con los árboles y plantas y con algunos animales, incluso a veces con microbios que invadían el cuerpo de algún paciente, para neutralizar esa invasión.

Cuando viajábamos a distintos lugares sagrados del mundo, ella se comunicaba con las piedras y con los objetos ceremoniales y estos comenzaban a revelarle lo que se hacía antes y darle sorprendentes enseñanzas reservadas para iniciados.

Quizá muchos se pregunten qué hizo Inka Lecumberri para llegar a ese nivel de manejo de energía y poder, la explicación es simple. No se trata de ingerir una planta sagrada ni de participar en algunos rituales milagrosos, no son técnicas secretas ni procedimientos reservados para gente especial. Es un camino abierto a todos, pero es un camino, es una caminata, es una secuencia de pasos, uno tras otro. Más que milagros en mi vida, recuerdo un gradual proceso de transformación, como un amanecer que desplaza a la noche. Eso mismo ocurrió con Inka Lecumberri, primero curó sus heridas, luego aprendió a conocerse, en ese proceso comenzó a transformarse y, por tanto, se habilitó para crecer y consecuencia de ese crecimiento se incrementó su sensibilidad; comenzó a constatar de manera directa y vivencial que todo es uno, que todo está vivo, que podemos comunicarnos con la Tierra y entender el idioma de los árboles, que las piedras también se comunican con nosotros, así como los animales, los cuales pueden incluso cumplir funciones de protección y apoyo, que el río está vivo y tiene cosas para enseñarnos.

Ella fue experimentando que los sitios sagrados son bibliotecas invisibles donde se almacena información, que solo tenemos que purificarnos, crecer y ampliar nuestra sensibilidad para acceder a ellos. Y descubrió la importancia de la coherencia como contexto donde emerge el poder.

Ella aprendió con humildad y paciencia, empezando por ese proceso de desaprender tantas cosas innecesarias e inútiles, con que saturan la vida de la gente en Occidente. Comprendió la importancia de la voluntad y la entrega, del servicio desinteresado, del amor incondicional y de una felicidad independiente del entorno; aprendió poco a poco a encarnar la actitud chamánica, porque no se trata de ser chamanes sino de aclimatar a nuestras vida, a la edad, personalidad y circunstancias en las que vivimos, la actitud chamánica que está al alcance de todos.

Chamanismo, más que un ritual, es hacer de toda nuestra vida un sagrado ritual. Esto es posible donde sea que tú vivas. Puedes ser secretaria de una escuela o gerente de una empresa, puedes ser profesional o estudiante y la actitud chamánica puede ser aclimatada a ti y traducirse en tu estilo de vida. Incluso puedes, si así lo deseas, hacer que este conocimiento al que estás accediendo, pase al principio desapercibido. Un aprendiz chamánico aprende a no dejar huellas o a dejar pistas falsas para no ser interferido ni atrapado. Se trata de aprender a gobernar nuestra vida y ese poder está en manos de cada uno, aunque esto no guste a algunas personas que consolidan su poder manipulándonos.

Chamanismo, más que una sesión de sanación, es la sanación de tu alma, de tu mente, de tus emociones, de tu cuerpo y de la manera cómo interactúas con los demás, con la naturaleza y todo el mundo invisible que pasa a ser natural. Un requisito, sin embargo, es necesario cumplir, el de estar dispuestos a hacer de nuestra vida una obra de arte. El chamanismo en la versión IVESHAMA, es un conocimiento reservado para los valientes que están dispuestos a vivir bien, pase lo que pase.

CAPÍTULO 3

IVESHAMA:

CAMINO PARA APRENDER EL ARTE DEL BUEN VIVIR

JANAJPACHA es una comunidad chamánica, ubicada entre los Andes y la selva amazónica de Bolivia. Está poblada por grupos de aprendices que decidieron invertir una época de su vida en conocerse y liberar el potencial interior que tienen.

Construí esta comunidad como la base física de los conocimientos recopilados de todos los pueblos indígenas visitados durante toda mi vida. Allá existen las condiciones para poner en práctica las enseñanzas ancestrales y explorar otros estilos de vida.

IVESHAMA es la síntesis de los conocimientos chamánicos de varios pueblos de los Andes y del Amazonas, sistematizados y aclimatados a este tiempo por mi propio trabajo interior. Poseen una sorprendente capacidad transformadora, porque tienen el respaldo de siglos, en algunos casos, milenios de aplicación a la vida.

Es la realidad y sus desafíos la mejor manera de comprobar la validez de estos conocimientos. Nuestro chamanismo es simultáneamente práctico, en la medida que se puede aplicar a la vida de cualquier persona que así lo decida y profundamente reflexivo, porque otorga las herramientas conceptuales para que cada uno pueda repensar su existencia y descubrir por dónde se le fuga la energía, darse cuenta de hábitos esclavizantes y comportamientos inadecuados, capacitando al aprendiz chamánico, si el así lo desea, a realizar un borrón y cuenta nueva.

Incluye rituales, técnicas, enseñanzas diversas, claves y secretos ancestrales. Pero todos ellos son apenas insumos y materias primas para, con ellos, rediseñar nuestro estilo de vida y empezar a vivir como deseamos.

Se trata de vivir con poder, de lograr una intensidad existencial que nos acerque a una vida plena. Vivir chamánicamente no solo es posible, es indispensable para quien no se resigne al conformismo ni la mediocridad. Vivir desde una perspectiva chamánica, es aprender a habitar el centro, desde donde somos poderosos; pero también a saber llegar, cuando es necesario, a los límites porque en el extremo, cuando se combinan endorfinas con adrenalina, encontraremos los momentos de más plenitud y éxtasis. El chamanismo Iveshama es adquirir la capacidad de saborear cada momento como si fuera el último, de vivir cada instante como si fuera el primero, de vivir cada día como si fuera una sagrada batalla, donde no importe tanto ganar o perder sino vivir, es decir, crecer y aprender.

En el contexto chamánico las adversidades son recursos para fortalecerse, los problemas son necesarios para ampliar los límites y la gente insoportable adquiere valor fundamental, porque gracias a ellos y su presencia perturbadora, podremos volvernos imperturbables.

El Anciano cuando estaba en silencio, estaba en silencio; cuando necesitaba actuar, primero se embarcaba en un viaje interior, hablaba con sus guardianes y reflexionaba la situación, y cuando finalmente sentía el momento de actuar, se convertía en lo que tocaba hacer, se entregaba totalmente al momento, una manera de serle fiel a la vida.

Recuerdo a esa mujer indígena en la montaña, ella había perdido a su pequeña hija, luchó como un felino para salvar su vida, cuando finalmente el intento resultó imposible, la dejó partir, renunciando incluso a la tristeza. Ella sabía que el dolor podía ser una interferencia en la partida y que vivir incluye saber renunciar. Iveshama contiene esa sabiduría milenaria que le enseña al hombre a ver la vida de una manera mágica y multidimensional, apasionada y con desapego, reverente y festiva.

Iveshama no es un conjunto de conocimientos dispersos a manera de una colección de *souvenir* exótico para consumos de turistas místicos. Es una metodología que responde a la problemática más actual del hombre, porque lo que necesita el humano para ser feliz, hoy como en la antigüedad, es lo mismo: "Aprender a vivir". No está reservado para gente indígena ni iniciada, está preparado para adecuarse a la época actual, porque parte purificando mentalmente a la persona, le enseña a llenarse de energía, comenzando por identificar factores que vampirizan y roban la energía a la gente. Posteriormente, esta metodología le va ayudando a la persona a conocerse y gobernarse y, por tanto, a manejar un creciente poder que será utilizado en mejorar la calidad de la vida, en especial, potenciar aquellos aspectos débiles de la persona.

Trabajamos para que la información abundante e inservible como tal, sea convertida en conocimiento y este incorporado a nuestro campo energético en forma de sabiduría. Todo esto pasa a su vez, por la revisión de hábitos y creencias, por el rediseñaje de la vida, que pasará a ser como cada uno lo elija. De manera que la vida, por primera vez, pase a ser un acto lúcido, consciente y voluntario, regido por la consciencia y el creciente poder, típico de quienes están despertando a la vida plena.

La razón por la que chamanes y sanadores indígenas fueron especialmente perseguidos y destruidos en la época colonial, es precisamente por el gran poder que otorga el manejo de este conocimiento. La manipulación, típica de esta sociedad, solo es posible cuando estamos confundidos y vulnerables, cuando no estamos en nuestro centro ni con toda nuestra energía, cuando hemos perdido nuestra identidad y nuestro norte, cuando dejamos de ser guerreros de la luz y guerreras de la paz, entonces, para proceder a domesticarlos, primero hace falta vaciar de todo contenido de conocimiento y robar la máxima energía posible, mediante un estilo de vida antinatural, para, a continuación, disponer de nuestra mente. El chamanismo hace precisamente lo contrario, empoderar a la persona, dotarla de poder para que pueda recuperar su vida y vivir como elija.

CAPÍTULO 4

LA PROFECÍA SE HA HECHO REALIDAD

Estoy dispuesto a compartir todo el conocimiento recopilado y producido. Este libro es una pequeña parte de esa intención. El chamanismo pone a prueba la validez del conocimiento occidental contemporáneo. No es posible para nosotros aceptar que el hombre actual se considere civilizado, desarrollado y viva tan mal. No comprendemos cómo puede saber tantas cosas y no aprender a vivir. Desde nuestro punto de vista, no tenemos otra opción que el crecimiento; la otra, no es opción, es muerte en vida y nosotros queremos vivir, y vivir con dignidad.

Hay profecías indígenas que hablaron, poco antes de la invasión colonial, de la llegada de un tiempo de oscuridad. Sin embargo, ellas dijeron también que este tiempo concluiría. Creo que estamos en esos tiempos finales, está terminando el tiempo de oscuridad pero aún no ha amanecido. Estamos en ese preciso momento donde ya terminó lo que no sirve pero aún no comenzó lo nuevo. Es precisamente en momentos como estos, que el Universo nos requiere despiertos, alertas, convertidos en guerreros lúcidos, capaces de comprender las señales de los tiempos y actuar impecablemente en esa perspectiva.

Es tiempo, para nosotros, de salir del silencio. Un hilo luminoso une todas las formas de vida, es un tejido sagrado, es la trama de la vida donde se expresa el movimiento y la magia, es el ritual de la Madre Tierra en su diálogo con la energía cósmica. Una pequeña parte de todo esto, quizá la parte más soberbia y estúpida, es el ser humano.

Somos parte de la sinfonía cósmica, nuestra enfermedad es la ceguera, es ruido que desafina el concierto la vida. Despertarse es posible, es un viaje a uno mismo. Es preciso en este itinerario, atravesar por la zona oscura que toda persona dormida posee, es necesario atravesarla completamente hasta llegar a comprender que la vida es una zona de misterio, a la que precisamos ser iniciados. No se aprende a vivir sin aprender a vivir, es decir, no se nace a la vida, sin haber muerto a la no-vida.

Vivir es transmutar. Nuestra transformación es la alquimia chamánica imprescindible para convertir la oruga en mariposa. Cada uno es el hierro que debe ser convertido en oro. Es necesaria la muerte chamánica para renacer, la iniciación será el amanecer del gran día, esa fiesta reservada para valientes.

En la vida todo es inseparable. Separar algo es destruirlo; por eso nos encontramos con escombros humanos en todas partes. A pesar de todo, dentro de mucha gente existe algo (nosotros llamamos *ajayu*, podemos llamarlo alma), que pide, que exige crecer. Para crecer necesitamos respirar conscientemente y en silencio, eso que llaman meditación pero que es posible realizarlo de muchas maneras. Se trata de despertarse, de recuperar la capacidad de darse cuenta y comenzar a manejar la realidad, en función de nuestros objetivos. Nadie nos dijo que éramos peces muertos condenados a ser arrastrados por la corriente, somos salmones que hacemos lo que debemos hacer, incluso cuando nos toca nadar en contra de la corriente.

Para transitar el sendero de la sabiduría milenaria, hace falta graduarse de aprendiz. El aprendiz esta alerta y abierto a la vida, porque ella es su principal escuela. El aprendiz comprende que la vida hay que estudiarla, hay que aprenderla, él sabe que toda la naturaleza está representada en el cuerpo humano, que es fundamental comunicarse con el cuerpo y con la Madre Tierra. Las piedras parecen sin vida simplemente porque viven periodos más largos que nosotros.

Comprender la actitud chamánica, supone comprometerse totalmente con la vida. Tienes que ser un observador–participante de tu propia vida y al principio, vivir el caos mental conscientemente, observándolo. El objetivo fundamental del aprendiz, es la liberación total. La naturaleza está en clave, esperando ser decodificada.

La planta sagrada solo se usa en última instancia, cuando la persona no puede modificar su conciencia, después de un prolongado trabajo interior. Crecer es dejar cosas atrás y, simultáneamente, reintegrarse con la Madre Tierra, sucursal del Universo. Nosotros visualizamos el arco iris en forma de lluvia que nos recuerda la magia de la vida. Nosotros sabemos que la muerte es otro territorio, que de momento nos toca vivir, y aprender a vivir bien. Este libro es un intento de aportar en ese sentido y de construir contigo un mundo para compartir.

CAPÍTULO 5

LA FELICIDAD: ¿ES POSIBLE?

Todos buscan ser felices, empero la felicidad no se busca, es imposible encontrarla. Desde la perspectiva Iveshama la felicidad no está situada fuera de nosotros, por tanto es inútil buscarla afuera cuando ella forma parte de nosotros. Es más, ni siquiera existe de antemano, se fabrica a partir de una actitud que se traduce en una vibración y que prepara el terreno para el amor.

La infelicidad es consecuencia de no haber aprendido a vivir, de ir por la vida desenergizado y sin saber cómo re-energizarse. La felicidad alude a un nivel vibratorio que es compatible con el *Janajpacha*, es decir, con la realidad superior. La felicidad es la frecuencia vibracional desde la cual podemos recibir protección y energía sanadora. El amor es la frecuencia que nos conecta al *Chej-pacha*, al orden cósmico, nuestra mega biósfera invisible.

En la vida consciente todo acto procede de una intención. En la civilización de zombis, ya no hay intención, solo costumbre y gustos adquiridos a partir de las estrategias manipuladoras de la sociedad de consumo. Esto revela existencias vacías, ancladas a un galopante consumismo.

El occidental ve la realidad fuera de sí mismo, por eso destruye a la naturaleza de la cual no se siente parte. Su pensamiento lineal, bloquea su sensibilidad y, de esta manera, su ignorancia está garantizada y también su capacidad destructiva. La realidad y la naturaleza son la suma de múltiples conexiones y recombinaciones. Pacha es naturaleza, pero también es Universo y también es uno mismo.

En la cosmovisión chamánica existe una jerarquía circular donde todos son importantes y necesarios, donde la falta de uno de ellos obliga a una reacomodación de la totalidad, del *Chej-pacha* y si esto ocurre a gran escala se genera un desequilibrio.

Si la *Pachamama* y el Universo no están fuera de nosotros, todos somos *Pacha*. Es probable, sin embargo, que solo el humano, en la Tierra, tenga la posibilidad de tener consciencia de lo qué es y de la totalidad a la que pertenece.

Soy el representante de la sabiduría ancestral. La mejor manera de definirse es no definirse, entonces no te separas de la totalidad y simultáneamente preservas tu identidad, sin ruptura del todo que te contiene. Nosotros hablamos de la sabiduría del corazón y de la herramienta de la intuición, que se intensifica cuando nos transformamos y crecemos y, con ello, incrementamos nuestra sensibilidad.

Crecer es ir desde la dimensión telúrica a la dimensión cósmica. La muerte es la puerta dimensional de una vida bien vivida. La realidad hay que sentirla para luego poder pensarla. El pensamiento por sí solo, atrapa solamente fragmentos y con ellos uno termina auto engañándose. La información fragmentada resulta estéril para una vida que es pura conexión y movimiento organizado.

Lo que no es real no existe. Lo real convencional es una ilusión. Los rebaños de creencias fabrican ovejas conformistas. La mayoría de la gente prefiere que le digan dónde está el camino, en vez de trabajar en construirlo. Iveshama busca devolver al hombre la capacidad de abordar su mundo interior y liberar su potencial. Porque cada persona es intención y voluntad, con un riguroso y auténtico trabajo chamánico, podemos lograr un intención enfocada y una voluntad inquebrantable. Quien se reconcilia con la naturaleza, no solo comienza a estar protegido sino que también inaugura un poder inédito, reservado para quienes decidieron vivir a plenitud.

Lo importante no es responder a la pregunta "de dónde venimos", sino "a qué venimos". Se trata de dejar de ser lo que no elegimos ser y recuperar nuestro poder de elegir. Para ello hace falta ver, darse cuenta y tomar posición.

En lo profundo de toda experiencia, no hay tiempo. Antes de viajar a otras realidades, primero necesitamos habernos convertido en astronautas de nuestro espacio interior. Lo fundamental de nuestro chamanismo, es que resulta aplicable a la vida diaria de cualquier persona que se atreva a vivir diferente y con poder.

De todas maneras, es importante saber que el conocimiento chamánico se entrega, pero eso no significa que se entienda. En el chamanismo Iveshama, el guía es uno mismo, pero los asesores son fundamentales, así como los niveles de protección. Todos somos poderosos. Cuando recuperamos nuestro poder, la magia emerge de nosotros y comenzamos a dejar huellas de luz.

Aprender chamanismo no tiene como propósito volverse chamán, sino básicamente conocer el sagrado arte de vivir plenamente. A esto cada uno añadirá lo que desee. Recuerda que la grandeza de un hombre, se ve en las pequeñas cosas que hace y en la manera cómo vive cada momento.

Sentir es tan importante como pensar y juntos nos hacen poderosos. Chamanismo es una propuesta para no permanecer más tiempo mirando tu vida desde afuera de la vida plena. Fuera de la vida es territorio de la muerte y sin plenitud ya comenzamos a morir. Chamanizar nuestra vida nos permite descubrir en cada instante una semilla de la eternidad. Quien sabe lo que le corresponde hacer en cada momento, alcanzó la libertad. Eso buscamos.

CAPÍTULO 6

INDÍGENAS DE PIEL, INDÍGENAS DE CORAZÓN

¿Por qué la mayoría de los indígenas son pobres? ¿Por qué casi todos terminan inmigrando a las ciudades o incluso a otros países? ¿Por qué entre los indígenas los niveles de alcoholismo son más altos? ¿No será que tanta alienación se tradujo en pérdida de identidad, de sin sentido existencial y terminaron confundidos sin saber ni siquiera lo que actualmente son? ¿Por qué entre los indígenas los niveles de enfermedades y de mortalidad infantil y a toda edad, son mayores que entre otros grupos sociales?

Ante un panorama como este, no podemos aparentar que no pasa nada, que todo está bien, que podemos seguir hablando de espiritualidad mientras cerca de nosotros, en países como el mío, hay gente, hay niños, muriendo de hambre y enfermedades totalmente evitables. Ocurre que, como consecuencia de la colonización y la invasión que sufrieron nuestros pueblos, fue despreciado nuestro conocimiento y prohibidas nuestras prácticas ancestrales. Se nos intentó convencer, con relativo éxito, que nosotros somos inferiores, que nuestras creencias son meras supersticiones, que lo que hacemos no es arte sino, y solo, artesanía. Se nos enseñó que no tenemos idiomas, que hablamos solo dialectos, es decir, idiomas de segunda categoría. Aprendimos que lo normal, lo correcto, lo bueno, es lo que viene de Occidente, que nuestra espiritualidad está equivocada, que precisa ser reemplazada por las religiones occidentales.

En ese contexto de colonización, se suprimió también nuestra medicina, esa medicina chamánica que usaba simultáneamente la fuerza auto-curativa del cuerpo, el poder medicinal de la naturaleza en todas sus expresiones, el poder sanador de la mente y de las emociones adecuadamente direccionados, el manejo energético del ritual y la conexión del paciente con el Universo. Curar para la medicina ancestral es interpretar el proceso que la persona está viviendo y embarcarse en procesos ceremoniales de desagravio, porque tras toda enfermedad hay irreverencia y descuido, transgresión de las leyes naturales que rigen la salud y la vida. Por ello, desde nuestra perspectiva, sanar es contribuir al reequilibrio de la persona afectada, es purificarle y contribuir a su transformación, de manera que después de la enfermedad, el paciente esté mejor de lo que estaba antes de ella. Sin embargo, esta forma maravillosa de comprender y abordar el tema salud-enfermedad fue sistemáticamente perseguida y prohibida, y en vez de considerar a la medicina Chamánica patrimonio de la humanidad, Occidente hizo todo lo posible para destruirla.

Como consecuencia de ello, tenemos pueblos indígenas abandonados, enfermos, expuestos a prácticas médicas ajenas a su cosmovisión (y por eso, son inservibles y peligrosas). Es ante esta situación que el chamanismo contemporáneo, tal como lo practicamos nosotros, es un proyecto crítico y liberador. Es volver a beber en las fuentes ancestrales de conocimiento y superar la filosofía de vida actual, superar la no unidad entre el hombre y la naturaleza, revalorizar los saberes originarios y cuestionar profundamente la destrucción de la selva y de las plantas medicinales y sagradas, la destrucción de los pueblos indígenas y sus saberes milenarios. El chamanismo para nosotros es también una forma de resistencia, porque no podemos continuar viviendo como si nuestra vida no fuera importante.

El nuevo chamanismo apela al desmantelamiento de la estupidez como forma de vida, a otorgar más atención a la calidad de vida que a la economía, a formar resistencias chamánico-culturales frente a la globalización de la estupidez, a celebrar las diferencias y convertirlas en factor de unidad, a estimular la creatividad y la producción de conocimiento, a que mejore la calidad de vida de las mayorías. Ya no se puede continuar pensando solo en el bienestar de las élites privilegiadas o de los países desarrollados. ¿Primer mundo? ¿Por qué se autodenominan así? Nosotros no hemos olvidado que el renacimiento de la Europa pos-medieval, fue alimentado con el saqueo de nuestros recursos naturales y con el sacrificio de nuestros Abuelos. Los indígenas, todos los indígenas, somos otra civilización y a pesar de nuestra diversidad, somos una sola civilización.

Presenciamos la descomposición del sistema actual. Donde sea que miremos está cayéndose a pedazos y al caerse está destruyendo con más fervor que nunca al hombre y a la Madre Tierra. Cuando observamos esto, nos dan ganas de salvar a Occidente de Occidente y construir juntos, con su gente más lúcida y sensible, visiones plurales y de mutuo respeto. Sabemos que ningún etnocentrismo es recomendable, que los diferentes coexisten en equilibrios dinámicos. Tenemos claro que solo excluiremos lo que perjudica y destruye, y nos damos cuenta de la urgencia de rehumanizar a Occidente.

Estamos conscientes también que cada vez existe menos conocimiento indígena sin contaminar, sabemos de la urgencia de descolonizar el conocimiento y que para ello es preciso anclarse en las matrices del saber ancestral y de las cosmovisiones originarias.

En ese sentido buscamos un cambio radical en la forma de pensar, de sentir y de vivir; buscamos una civilización alternativa, plural, humana y ecológica, que respete la diversidad y que, donde sea posible, explore otras formas de vida, mejor si están inspiradas en los saberes originarios y locales.

La dominación opera vía ideológica, se infiltra en toda forma de pensar, sentir y vivir, alienando a la persona hasta convertirla en zombie, es decir, manejada a control remoto en función de los intereses del momento. Si analizamos con detenimiento, casi todos los hábitos del hombre contemporáneo fueron inducidos, todo es gusto adquirido, desde la alimentación hasta la forma de usar nuestro tiempo libre. Esto explica el abandono de las formas de alimentación locales, siempre más saludables, para dar paso a la comida rápida, a la dieta basura que apadrina tantas enfermedades por la depresión inmunológica que produce, además de generar dependencia en un contexto de globalización gastronómica, práctica comercial que le hace juego a la agricultura comercial, que no busca producir alimentos nutritivos sino productos agrícolas rentables. Discrepamos con esta sociedad que convierte en mercancía todo lo que toca, incluso a la gente.

Somos seres que poseemos una memoria ancestral, esta garantiza la identidad (cuando permanecemos en el contexto adecuado) y posibilita la autenticidad en la vida. La colonización atenta contra esto. Suprimir la diferencia cultural es un atentado contra la vida. Soñamos con una civilización abierta a otras formas de vida. Sabemos que no es válido ni normal y que puede ser hasta patológico creer que hay un solo modo de pensar y de vivir. Creemos que sin diversidad en la Tierra, la vida no sería posible.

Se pretende convertir las luchas y resistencia de los pueblos indígenas en meras acciones reivindicatorias; se busca reemplazar lo importante por lo urgente. Los cambios que nos proponen, en el fondo, buscan que nada profundo cambie. A diferencia de antes que mataban al indígena flagrantemente, ahora nos prefieren vivos pero sin identidad ni poder, convertidos en *souvenir* exótico para consumo turístico. Ahora se puede trabajar de indio, con tal que no se ponga en tela de juicio el sistema establecido; se puede conservar el idioma nativo y los vestuarios originarios, incluso el ritual descafeinado y degradado a la categoría de show.

La intención homogeneizadora se mantiene saludable, ahora están de acuerdo con integrarnos, después de habernos desconectado de nuestras raíces y de habernos hecho olvidar la sabiduría ancestral. Nos quieren como masa consumista y acrítica, que se incorpore a sus legiones de consumidores, que solo tienen derecho a seguir consumiendo lo que no necesitan y aquello que un día, más pronto que tarde, terminará consumiéndolos. Las posturas eurocéntricas continúan, más sutiles pero con la misma fuerza, y se expresan en el desprecio a los saberes locales y populares. El colonialismo de este siglo busca, vía alienación, convertir a cada uno en su propio represor, así la faena les resulta más barata. Estamos conscientes que el objetivo de este sistema fue achicar nuestra consciencia y pulverizar toda forma de resistencia y, de esta manera, manipular el comportamiento de la gente y controlar su tiempo. En ese sentido, nuestro chamanismo es revolucionario, porque apuesta por un cambio integral y toma posición por una transformación que implique la evolución de la humanidad.

Parecería que los que construyeron un mundo dividido en países desarrollados y subdesarrollados, en el fondo también buscaban una mayoría de subhumanos, es decir, volvernos como ellos. El hombre occidental de este tiempo está subordinado a lo frívolo, ha reducido su vida a una existencia intrascendente y banal, enfocada en comprar incluso lo que no necesita y carecer de tiempo para todo lo que no sea trabajar y consumir. Ese es un estilo de vida que no nos interesa y por ello nos refugiamos en nuestra cosmovisión y saberes ancestrales. Sabemos que la realidad es un sistema vibratorio de flujo y reflujo energético, que al percibirlo lo construimos. Por ello, nuestra realidad no es la misma que perciben los occidentales, porque la realidad en la versión humana es construida por la percepción. Nosotros nos sentimos unidos a toda forma de vida y desde esta percepción, entendemos que habitamos en este tiempo, un *"pachacuti"* transformacional, que los cambios ya han comenzado y que cambio que no incluye renovación paradigmática, no es un cambio verdadero.

Observamos cómo se reproducen, con variantes innovadoras, el genocidio, el etnocidio y el ecocidio. La estupidez colonizó a la humanidad, por ello, muchos de nuestros líderes continúan buscando un desarrollo convencional, es decir, la occidentalización total de nuestros pueblos, como si vivir subordinados al pensamiento dominante fuera un privilegio que hace falta lograr y mantener. Necesitamos incluso repensar el lenguaje, donde se codifica la cosmovisión de una cultura, porque nos hace falta un lenguaje que resalte la unidad en la diversidad, que razone con otras lógicas, por ejemplo: "Todos somos hijos de la Tierra", pero no todos actuamos como tales, y entrar en la lógica andina del tercero incluido, cuando algo (para la sorpresa del occidental) es y no es al mismo tiempo. Buscamos reinterpretar nuestra realidad desde cosmovisiones propias.

Lo diferente para nosotros no es lo opuesto, no se trata de ver cuál de los dos es correcto y cuál equivocado. La denominada complementación de los opuestos, no debe ser usada para legitimar la colonización invisible que aún se mantiene, porque los opuestos son parte de lo mismo. Colonizar es alienar y esto se traduce en la pérdida de la identidad.

Frente a esto nosotros proponemos "chamanizar la vida", lo cual no implica indianizarse, sino tomar como referencia los valores y la cosmovisión ancestral, desfolklorizar los saberes indígenas y aceptar que la ciencia occidental es apenas una pequeña parte de todo el valioso saber humano en el planeta. Los indígenas, los marginados de siempre, no buscamos ser incluidos en esta sociedad sino ser escuchados y respetados, porque tenemos derecho a hablar desde nosotros y usar categorías propias para reflexionar y producir conocimiento, y que este tenga el mismo valor que el producido en Occidente. Con todo esto tiene que ver el nuevo chamanismo denominado Iveshama. No esperemos que cambie el otro, seamos el cambio del que hablamos. Estos conocimientos ancestrales y chamánicos, pueden contribuir a recuperar las ganas de vivir bien y celebrar la diversidad cultural y biológica, de la cual dependemos inevitablemente.

CAPÍTULO 7

RECUPERARTE A TI MISMO: TU MEJOR DESICIÓN

Y el Abuelo dijo: "Cuando aprendas a ser feliz podrás amar; cuando aprendas a amar de verdad aprenderás a ser libre y esto posibilitará que seas cada vez más fuerte, más sensible y aprenderás a gobernarte; y entonces crecerá tu coherencia y tú poder. En ese momento y no antes, podré enseñarte a hablar con la Madre Tierra, con los hermanos árboles y con los animales".

Chamanismo es volver a la vida desde el poder de elegir. Iveshama es otra manera de ver la vida, otra forma de vivirla. Para nosotros, la vida es otra cosa. Es un ritual que se aprende, es una zona sagrada donde hace falta encarnar la reverencia. Es importante saber quién eres, es urgente saber quién no eres. Chamanizando tu vida, recuperas tu memoria, poco a poco irás recordando quién eres y también

35

comenzarás a darte cuenta de lo que no eres, de lo que sembraron en ti, de lo que te dijeron desde pequeño en la familia, la escuela, la religión y que no contribuyó a la liberación de tu potencial interior. Reconstruye tu identidad, desaprende lo que no eres.

A los indígenas, desde que llegaron a nuestras tierras, quieren destruirnos. No comprenden nuestra forma de ver la vida, entonces deciden asesinarnos mientras saquean la tierra donde vivieron nuestros antepasados. Nos prefieren muertos, porque nos saben poderosos. No tenemos sus armas pero manejamos una tecnología interior que es invisible a sus ojos, pero tan real como el átomo con el que juegan sus científicos. Nos quieren homogenizar, porque la diversidad cultural para ellos es una amenaza a su pensamiento único y lineal. Buscan volvernos a todos iguales para estandarizar sus procedimientos de manipulación y para vendernos a todos por igual, en especial lo que no necesitamos. Nosotros somos hojas del mismo árbol, pero nuestra ubicación es distinta para cada cultura. Nadie es mejor ni peor, nosotros no comparamos las culturas, porque cada una es historia particular irrepetible, es identidad y coyuntura, y ninguna se repite. Somos distintos, pero decimos y hacemos lo mismo. El hombre blanco acepta incluirnos en su civilización a condición de que nosotros dejemos de ser lo que somos. No gracias, es mejor un indio libre a centenares de civilizados vacíos de identidad e infelices.

En este sentido te propongo, recupera tu tiempo, todo tu tiempo para ti, lo necesitas, lo mereces, es lo único que tienes, porque el tiempo es vida. Y proyéctate al futuro sin dejar de vivir el presente. Recupera tu vida, es lo único que trajiste. Permanece atento, recuerda que quieren vaciarnos de identidad, magia y poder y, simultáneamente, preservar nuestro vestuario, para que turistas occidentales se tomen fotos exóticas. Quieren matar nuestra alma, nuestra memoria y convertirnos en *souvenir*. Y si eso quieren hacer con nosotros los indígenas, sus intenciones con el resto de la gente, no son mejores. Chamanismo es vida plena y nada tiene que ver con la forma como se vive en Occidente ni con el desarrollo que buscan.

Prefieren destruirnos en vez de aprender de nosotros. "Algunos de nosotros -dijo el Abuelo- vivimos así hace miles de años. Para nosotros la vida comienza aprendiendo a vivir en paz con uno mismo, en armonía solidaria con los demás y en profundo respeto a toda forma de vida". En cambio, Occidente fomenta el individualismo y practica con devoción el consumismo, que luego se traduce en derroche y despilfarro. Su sociedad fabrica pobres. No nos seduce la riqueza ni nos amenaza la pobreza. Sus ciudades son cementerios donde los muertos se creen vivos, zombies demócratas que periódicamente eligen al zombie que miente mejor. Para nosotros subdesarrollo es vivir de espaldas a la vida. Todo el mundo occidental está subdesarrollado.

El caminante chamánico tiene que ver atrás para avanzar adelante. Quien es fuerte, no necesita usar la violencia que es un recurso desesperado de los débiles y dormidos. El aprendiz chamánico está unido a la Tierra, a la vida. Es que nosotros crecemos con la vida y estamos conectados al Universo y simultáneamente estamos solos, porque somos libres. Lo que tú no hagas quedará sin hacerse, porque nadie podrá dejar las huellas que tú no te atreviste a dejar. Reconstruye tu vida desaprendiendo lo que te perjudica y aquello que no necesitas. Recuerda, para vivir bien, hay que vivir bien.

No somos gente de la Tierra, somos Tierra en forma de gente. La Tierra es la casa, todos los seres vivos somos la hermandad unida con lazos invisibles. A ti te digo, logra la riqueza de la simplicidad, porque la prosperidad comienza con la austeridad. Nosotros somos millonarios en nuestra sobriedad, tenemos un hotel de millones de estrellas de categoría que nos hospedan gratuitamente y nos agasajan con amaneceres cotidianos. Un día conocí a una abuela indígena que tenía un collar de amaneceres y al centro, la luna llena.

Si no estás en paz contigo, estás mal. Intenta estar en paz con todo, con todos. Si todo está vivo, todo es sagrado. Haz de cuenta que hoy es tu último día. Recuerda, la infelicidad también es violencia. Cuando estés en la naturaleza, camina descalzo, en cuanto bajes tu alerta, tus pies te lo comunicarán inmediatamente. Vivir chamánicamente es observarse, es repensarse, es disfrutarse, es aprender a aprender y crecer con todo lo que nos pasa. Recuerda, la coherencia te da poder, el poder de elegir cómo quieres vivir.

Lo nuevo es lo antiguo, lo ancestral. El futuro está atrás, por eso no lo vemos, pero es posible modificarlo. El pasado se sitúa adelante, podemos verlo pero es imposible cambiarlo. Proyecta tu intención en la realidad y florece tu vida. Nuestra forma de comprender la vida se traduce en un estilo de vida. Todos estamos conectados, pero pocos saben cómo usar esa conexión a su favor. El camino único no existe, la verdad única es la mejor mentira.

Para aniquilar nuestra cosmovisión Chamánica tuvieron que matarnos, pero los indios siempre volvemos y regresamos para vengarnos, nuestra venganza es el amor. Nuestra libertad incluye la interdependencia, nuestra soberanía existencial está interconectada a un todo del que somos parte. El punto de encuentro en la vida es la armonía. Para que la vida fluya, precisamos admitir que todo está conectado. Mi zona sagrada no requiere proselitismo. El silencio nos conduce al vacío, es la primera estación en el camino del desaprendizaje. Un secreto quiero compartir contigo: "Tienes que aprender todo de nuevo".

La cosmovisión occidental es antropocéntrica, ahí comienza el autoengaño y el ecocidio. El individualismo es una enfermedad occidental, de la que todo aprendiz chamánico requiere curarse con urgencia. Todos los que respiramos, compartimos la vida. Y resulta que cuando nos despertamos, nos damos cuenta que la vida era otra cosa. Se trata entonces de volver a la vida, a la Tierra, al silencio, a la felicidad. Se trata de volver a la zona sagrada donde comienza la vida plena.

No queremos vivir mejor que otros, simplemente queremos vivir bien. Sabemos que la vida es un sagrado ritual, que no tiene sentido vivir al margen del ritual de la vida plena. También sabemos que no es fácil vivir bien, no es difícil vivir bien, simplemente es necesario vivir bien, y la mejor manera de vivir bien es vivir bien. Entonces, empieza desde ahora a vivir bien y deja de molestar al orden cósmico con indecisiones o infelicidad.

Quien no respeta la vida, no aprendió a vivir. Vivir bien requiere que te observes todo el tiempo y que aprendas a aprender incluso de tus errores. Saber vivir incluye saber convivir con los humanos y con toda forma de vida en la Tierra. Saber vivir incluye saber alimentarse para generarse salud, saber descansar para permanecer en buen estado en todo momento; es saber trabajar, para poder ejercer nuestra capacidad creadora; es saber meditar, para conservar nuestro centro y activar nuestra intuición y de esta manera liberar el potencial interior; es saber reflexionar para planificar bien tu vida y poder discernir adecuadamente; es saber comunicarse para interrelacionarse armónicamente; es saber ser feliz, porque esa es nuestra condiciona natural de existencia; es saber ser libre para poder ser uno mismo; es saber amar para vivenciar esa energía superior; es saber aprender de todo lo que nos ocurre; es saber compartir, porque todo es de todos y con solidaridad y reciprocidad, la vida comunitaria fluye naturalmente. Saber vivir es lo mejor que podemos aprender porque la vida es breve y única. Eso pensamos, así vivimos. Uno de estos días será tu último día, entonces ya no puedes decir, que no te lo dije.

CAPÍTULO 8

VIVIR CHAMÁNICAMENTE

Nuestro silencio es una actividad diferente. Es un viaje que nos permite acceder a las otras realidades que también están aquí. Hay cosas que son ciertas, pero no en esta realidad. El silencio es la invisible puerta dimensional; el sonido es el vehículo inicial que nos conduce a él cuando somos capaces de fusionarnos con el sonido sin interrumpir el silencio. Cuando un niño juega, no se diferencia del juego, ningún niño juega en broma; cuando un aprendiz chamánico actúa, se convierte en lo que hace, entonces no hay sujeto, no hay objeto, no hay tampoco distancia, solo una unicidad superior que se saborea sin palabras ni explicación posible.

Nosotros somos parte de otra historia. Nuestra estructura energética coincide con la geografía invisible de la Madre Tierra. La vida es un momento creativo que comienza cuando nos despertamos; el *tinku* es el encuentro que se da, cuando el desaprendizaje purifica la mente del aprendiz. Quienes intentan chamanizarse sin renunciar a la estupidez, pierden tiempo. Quienes van por la vida empaquetados de conceptos y creencias, tienen una cortina de humo que les impide ver y comprender la realidad.

La cultura occidental ha producido al hombre actual y a toda esta lamentable situación. El occidental se autocomprende y de esa manera justifica todo lo que hace y lo que no puede justificar lo atribuye a Dios. Sabemos también que la llamada Nueva Era, plagia los milenarios conocimientos indígenas, los cambia de nombre, los registra para apropiarse de ellos y luego los comercializa como novedades. Sabemos también que detrás del contenido abstracto de muchos intelectuales occidentales, yace un vacío poblado de conceptos inconexos. Los abuelos nunca entendieron la necesidad incontenible que tienen los occidentales, por mostrar lo que tienen, simulacro de su vida jamás inaugurada, mientras aparentan una normalidad que desconocen, todo ello síntoma de su colapso existencial al que se acostumbraron.

Para el occidental la realidad es plana, homogénea y medible. Para nosotros es diversa, multidimensional y mágica. Nosotros sabemos hacer muchas cosas, pero de todo lo que hacemos lo más importante es que vivimos con reverencia, ahí comienza la magia que apadrina lo trascendental que nos muestra la vida de cuerpo entero. El primer paso es la humildad, que traducida en reverencia nos autoriza acceder a lo que es secreto para el arrogante. Nuestra vida es simple y profunda, tenemos pocas necesidades, pero soñamos un mundo nuevo, donde la vida sea posible y lo sagrado se reintroduzca en la forma de vivir.

El *tinku,* encuentro del aprendiz con el Anciano, se da en principio en silencio. Si esta elocuencia transparente no comprende el alumno, significa que aún no está preparado. Es preciso romper todo anclaje al sistema de creencias, convertirse en observador. Mira adentro y afuera, observa los detalles, cuida los instantes, observándote podrás conocerte y adquirir el poder de remodelarte y el valor de rebelarte. Asegúrate de que tu existencia no esté basada en el simulacro, como recomienda la sociedad, cultiva tu poder acrecentando tu coherencia, la vida es una "mesa ritual". Recuerda que el chamanismo solo te ofrece herramientas para construirte una nueva vida, empero la voluntad es tu aporte, ya sabes que aquello que no hagas permanecerá sin hacerse.

No confundir misión con trabajo. La primera responde a nuestra historia evolucionaria; el trabajo, es solo resolución de las necesidades básicas. Viviendo se piensa, esa es nuestra teoría y práctica. El pensamiento chamánico es meditativo. Aquí y ahora comienza y termina la vida, lo que llamamos realidad depende del contexto. En Occidente todos quieren estar sanos, pero hacen todo lo posible por enfermarse y gastar su energía. Viven por pedazos inconexos y aislados, creen que se enferman por partes y que la solución también viene por separado. En chamanismo la vida es inseparable, es holística, es decir, incluye todo. Nosotros sabemos que nuestros pensamientos influyen sobre nuestra salud, que nuestras emociones afectan de buena o mala manera a nuestras defensas naturales, que las relaciones interpersonales mal manejadas pueden fabricarnos úlceras, que la falta de contacto con la Madre Tierra nos debilita y enferma, que lo espiritual debe traducirse en una forma de vida. Así vive el guerrero chamánico. Él no pelea contra la vida, él sabe que es la vida y que está de paso.

El mundo ha sido vaciado de magia, la frivolidad erosiona la trascendencia. El hombre occidental olvidó vivir y en su reemplazo, aparece ocupado trabajando y comprando, sin tiempo para vivir. Los Abuelos enseñaron que la salud es consecuencia de una forma de vivir, que esta procede de una forma de pensar, que todos debemos saber alimentarnos, que esto comienza con aprender a dialogar con nuestro cuerpo, a escucharlo y tomar en cuenta sus pedidos. Toda dieta requiere la presencia de varias partes de la planta (raíz, tallo, hojas, flores frutos y semillas), además de diversos colores en sus alimentos (naranja, rojo, verde, blanco, negro...), amorosamente organizados como base de una buena dieta y compartidos por gente de la que disfrutamos su presencia. La salud es lo primero que todo aprendiz chamánico debe aprender a gestionar. Evita excesos y carencias, elige lo natural.

El resto, disfrutar de una vida prestada, que un día, cualquier día, tendrás que devolver.

La magia es intrínseca a la vida, la salud también, sin embargo, no puede el pez vivir fuera del agua y esperar tener buena salud. Quien quiera disfrutar de una vida sin sufrimiento, precisa aprender a vivir chamánicamente en cualquiera de sus variantes. El Universo se desdobla permanentemente, pero estos detalles multidimensionales están reservados para los que aprendieron a ver extra ocularmente. La magia no emerge de estados extáticos aislados, sino de las relaciones profundas y con enfoque e intención adecuadamente direccionados. Solo puedo entenderte en relación a tu contexto, a tu misión y al todo.

Salud es armonía y armonía es conexión consciente con el todo. Somos la parte de la naturaleza que está consciente de su fugacidad, somos apenas un filamento en el tejido de la vida, de una vida que es compleja pero no complicada, porque vivir es básicamente intercambiar energía con el entorno y es mejor hacerlo conscientemente. La vida es un tejido y cada uno es una hebra aportando el color que solo cada uno puede dar. Sabemos también que la vida, nuestra vida, no existe de antemano, que precisamos crearla constantemente. La plenitud no se copia, se fabrica en el jardín interior que cada uno descubre cuando comienza a conocerse.

Nuestros Abuelos sabían de los átomos con otros nombres, es decir, todas son viejas novedades fluyendo en el océano de la vida, donde las olas del conocimiento van y vienen. A pesar que destruyeron a nuestros abuelos, a pesar que quemaron nuestros escritos sagrados, la energía no se destruye y de nuevo estamos aquí para decirle al hombre occidental que nuestros antepasados somos nosotros y estamos aquí en cumplimiento de la profecía.

Si la Madre Tierra nos dio a luz, no insistamos en vivir en la oscuridad. Somos un eslabón de la cadena de la vida, si falla uno, falla todo, porque la red se quiebra. La vida es energía continua, la muerte es la discontinuidad que prosigue de otra manera, por ello pensamos cíclicamente y en red. Las raíces de la vida se sumergen en las otras realidades. ¿Quién dijo que el Universo es uno solo? ¿Por qué no pensar en un multiverso al que solo tendremos acceso cuando manejemos mejor la energía? Nunca descubrirá la vida quien cree que no necesita hacer un trabajo interior, quien considera que es suficiente tener una religión, un dogma y unos minutos de meditación.

Vivir chamánicamente significa vivir reflexivamente, saber que no se puede entender la vida desde un paradigma occidental. El guerrero chamánico dialoga con la civilización pero conserva su lucidez y su dignidad. Sabe que vivir es un proceso de observación constante, él sabe cuándo sacar su fuerza, dónde y con quién y si no es el momento, sabe guardar silencio y refugiarse en la humildad. Él maneja sus emociones, no las reprime, sabe canalizarlas y transmutarlas, conoce el momento preciso de aflorarlas sin olvidar que todo es un laboratorio de alquimia, donde lo inferior se convierte en superior. El guerrero chamánico sabe que la objetividad no existe, porque es imposible dejar de ser uno mismo, ni siquiera al observar lo que vemos afuera.

El caminante chamánico autorganiza su vida, camina sereno, siempre orientado hacia sus objetivos, él sabe a dónde va, de manera que no le influyen las críticas destructivas, ni le afecta la envidia. Sabe que sin creatividad, la vida carece de colores. Habita un consenso existencial traducido en coherencia entre lo espiritual, mental, emocional, físico, social y ecológico. Él sabe que la vida es un proceso energético, un flujo y reflujo de vibraciones, con determinado nivel vibracional y definida intención. Él sabe que la mente y el cuerpo son lo mismo de otra manera, que quien no aprende a vivir, ya empezó a morir.

"O aprendemos a vivir o nos declaramos muertos" -un día expreso el Abuelo. Clausuremos el debacle existencial. Que tu libertad encaje en tu realidad. "Recuerda" -me dijo otro día-, "no hay meta, la meta es un pretexto para hacernos avanzar". Como no podemos predecir lo que nos espera, nos preparamos para todo, sin embargo, es deber de cada uno aceptar lo que no puede cambiar. ¿Seremos capaces de aprender a vivir? Si necesitas que alguien externo te motive, estás perdido.

¿Qué es chamanismo? Es ecología ancestral. Vivir es un proceso de observación constante. Nunca descubrirá la vida quien cree que no necesita hacer un trabajo interior. Es un error pensar que todo es racionalmente explicable, incluso medible. La vida no se agota en explicaciones racionales, la capacidad racional colapsa ante la fuerza de la magia. Si la vida fue vaciada de magia, chamanizar la vida es encantar nuestros días, vivir encantados es hacer magia, entonces descubriremos que el mundo es unidad autorregulada y la posibilidad de sincronizarnos con ese proceso. La magia es intrínseca a la vida. Iveshama te provee insumos para la plenitud, esa es nuestra forma de chamanismo y nuestra manera de vivir con dignidad.

A nosotros no nos interesa un conocimiento fragmentado, desconectado del todo. Nosotros solo podemos entender al aprendiz en relación con su contexto multidimensional y al todo. Al aprendiz lo conocemos por la manera en que se relaciona consigo mismo, con los demás y con la Madre Tierra. Todo es *Pacha*. Pensamos individualmente, sentimos grupalmente y actuamos en red que nos conecta con todo y a todos. Lo moderno es obsoleto, lo novedoso es lo chamánico, la realidad fluye, la vida cambia, todo está en movimiento, el modelo chamánico ahora se llama cuántico. Meditar es conocerse, reflexionar es rebelarse. Nuestros Ancianos viven y piensan en otra ciencia, incomprensible para quien no está iniciado. No tiene el hombre blanco otra alternativa que aprender a vivir.

CAPÍTULO 9

EL PODER DE LA LIBERTAD

El Abuelo ha regresado y trae la piedra del conocimiento. Él dijo al llegar: "El sentimiento de una mujer despierta protege". Continuó hablando mientras caminaba lentamente: "He venido para darles mi herencia. Quiero mostrarte otra parte del continente de la vida, esa parte que aún no fue descubierta. Prefirieron matarnos en vez de aprender nuestra cosmovisión, por su miedo a encontrar mujeres y hombres con sabiduría que los empujó a destruirnos físicamente, pero cuando silenciaron a los Abuelos indígenas, las piedras y los árboles comenzaron a cantar".

Quien cree en el destino lo crea y luego cae víctima de él. Cree en el destino y luego él te esclavizará. Para nosotros la libertad es la que da sentido a la vida, sin ella la vida deviene en rutinaria e intrascendente existencia, días grises reemplazan al arco iris de la creatividad, la gente con el alma caída necesita alcohol y drogas para arrastrar su alma. La libertad en este tiempo comienza con la reducción de las necesidades. Las cadenas contemporáneas se disfrazan de necesidades, con esa estrategia consiguen el visto bueno y se apuntan a una normalidad anormalizada, se contagian y se convierten en formas de vida, donde la vida, al final, queda descartada.

La libertad es indomable. Una mujer buena camina llena de libertad. Solo el hombre que preserva su libertad puede ser auténtico. La autenticidad marca el inicio del camino de la vida; sin libertad estamos condenados a arrastrarnos. Cuando permites que te roben la libertad, permites que te corten las manos, los antiguos lo llamaban el robo del alma. Cuando nos roban el alma, queda la parte externa que solo se interesa en lo material, ahí se explica la situación en la que se encuentra el mundo actual. Ellos reemplazaron el ser por el tener y ahora tienen, y algunos mucho, pero no son más que un puñado de deseos y miedos, y eso no es vida.

Que no te roben el alma, que no te hagan creer que necesitas más de lo que se precisaba antes. Puedes hacer o usar muchas cosas por el placer de hacerlo, mas no generes dependencia con ellas; puedes tener todas las expectativas y anhelos; puedes, es más, debes soñar en abundancia, pero no aferrarte a nada, ni siquiera a los resultados; intenta que todo lo que hagas esté bien hecho, eso es parte del placer. La impecabilidad del guerrero chamánico no genera vínculos ni alimenta dependencias, su libertad permanece intacta y jamás permite que le roben su alma, no importa en nombre de qué se intente realizar esta práctica mutiladora.

La libertad es imprescindible para ser uno mismo y, por tanto, para crecer; esta se cuida desde el alerta sereno, desde el observador que observa al que observa en un contexto de serenidad y al interior de un camino donde cada uno sabe lo que tiene que hacer y la manera de hacerlo. Nada es definitivo, todo está en movimiento, así opera la vida, por ello, aferrarse no es digno ni chamánico. Apasiónate despegadamente, esa es la clave. Cuando te conviertes en lo que haces, cuando eres capaz de fusionar al sujeto con el objeto y ser lo que haces, comienzas a saborear una indescriptible unicidad que nos habla de sensaciones oceánicas, de abolición del tiempo conocido y tránsitos fuera del espacio habitual. El viaje chamánico comienza cada vez que alguien actúa haciendo lo que precisa, en el momento justo, de la manera adecuada.

El que sabe tiene el deber de ser más responsable. No busco tener muchas cosas, busco sabiduría, mi sangre pide la palabra, mi secreto esconde muchas vidas. El poder nos brota cuando vivimos en coherencia. Nuestros antepasados somos nosotros y estamos aquí para recordarte que el conocimiento duerme, pero no se pierde. Recuerda también que si el conocimiento no te despierta, si el amor no te despierta ni la sed de crecimiento, entonces te despertará el dolor. Tengo fuego en mi corazón y quiero compartirlo contigo.

Nosotros celebramos la vida y le damos el poder a la mujer, es su tiempo, en sus manos estamos en buenas manos. Sin embargo, la mujer debe despertarse. La transición de la mujer dormida a la mujer despierta puede ser dolorosa, hay muchas cosas que desaprender; sin embargo, el placer de la libertad y el poder de la sabiduría compensan todo esfuerzo. Quiero recordarle a la mujer que es poderosa, que solo precisa perforar su miedo, ocupar su lugar y reconquistar la vida. Durante la historia reciente han pasado muchas cosas, la mujer retiene en su alma numerosas heridas, empero, nada en la vida es estático, nada está acabado, el movimiento transformador es indetenible. Un nuevo corazón nace en quienes se apuntan a la vida plena. La mujer está aquí para, luego de despertarse, enlazar mundos. La mujer tiene la llave para abrir otras puertas, la mujer es la llave, cuando se despierta.

Se trata de ser tú, de construirte, de estar contigo, de tenerte y desde esa autenticidad crepuscular, crecer indetenible. Un hombre construido es superior. Entonces, primero arregla tu corazón, recuerda que la determinación del guerrero es fundamental. Vivir es desafiar a la muerte hasta reconciliarse con ella y no temerla más, por lo que el miedo a la vida desaparece. Un día llegará inevitablemente la muerte, no es necesario esperar esa cita, es lo único seguro en esta vida. La muerte es salirse del tiempo. El cuerpo es la canoa para navegar en el río de la vida, si no lo cuidas naufragarás prematuramente. Ten presente que no podrá morir quien no aprendió a vivir.

Ya sabes, si te roban el alma quedarás vacío y necesitarás drogas para administrar la angustia. El robo del alma opera en este tiempo bajo forma de alienación. Destruida nuestra identidad, aparecemos vulnerables a cualquier estrategia manipulatoria. El alma del occidental dormido es oscura; el alma del indio despierto es transparente. Si aprendes a dar dirección a tu energía espiritual, mental, emocional física, social y ecológica, a enfocarla en una sola perspectiva, descubrirás el poder del que innecesariamente se priva la mayoría de la gente. El corazón es el centro de la vida, no la cabeza. A veces hace falta temporalmente perder la cabeza, perder la razón para encontrar el corazón y reconstruir la sensibilidad. Después será necesario construir un puente entre ellos y vivir sincronizado.

En algunos idiomas indígenas, no existe la palabra "no", porque ellos viven creyendo que todo es posible. En Iveshama, enseñamos a manejar los problemas hasta danzar con ellos. No busques estatus, busca sabiduría. La visión interna se activa con la meditación, la música es el puente al silencio, danza meditando, mira desde el corazón con pureza y sin miedo, madruga cada día para recibir el buen aire. Nosotros primero soñamos, luego viene la voluntad. Nosotros caminamos en secreto, no dejamos huellas, pasamos desapercibidos pero hacemos lo que tenemos que hacer.

El hombre es de tierra, la mujer es de agua, el corazón del hombre es de piedra, el de la mujer es de fuego, el hombre actúa dentro de lo imaginado por la mujer. Hombre, guarda tu energía en especial cuando el deseo se apodera de ti; pero si la pareja decide concebir, es necesario prepararse, purificarse, preparar el lugar y visualizar lo que elegimos. Concebir hijos también es una ceremonia.

Vigilarse en todo momento y lugar, vigilarse serena y constantemente es la base del ritual de la vida. Quien cuida su vida está sano. Descarta todo temor, por innecesario. Quien no da, no merece recibir, la infelicidad es la fatalidad humana de este tiempo occidental. Quizá la inteligencia sea la garantía para salvar la vida. Urgente, busca el camino a la vida. Recuerda que en la vida, muchas veces, no hay una segunda oportunidad; dicen que nunca es demasiado tarde, pero también es cierto que el tiempo no espera y que cada día, es por última vez.

La ciudad es la muerte de la naturaleza y, dentro de poco, de la humanidad. Tal vez en el futuro las ciudades serán heredadas por las moscas, las cucarachas y las ratas. Por eso defendemos nuestra forma Chamánica de ver la vida. No acepto ser algo, como mínimo acepto ser alguien y mejor aún, alguien que conduce su destino, que lo inventa a su medida. Un día el hombre se golpeó la cabeza, se llamó moderno y se puso a correr, se extravió y luego comenzó a destruir, a destruirse. Nuestros antepasados hablaban con la Tierra, con el río, con la montaña, con el árbol, con el fuego y el cóndor y cada uno tenía su propio mensaje. A la Madre Tierra también hay que cantarle y danzarle.

Aún no te conozco, pero te visitaré en los sueños para recordarte que el rocío es la energía del cielo, que el silencio nos conecta con el *Chejpacha*, con el corazón del Universo. El mundo de mis antepasados está presente en mi mundo; soy un alma antigua, no dejo rastros, elijo las huellas que quiero guardar para la posteridad. A veces mis pensamientos se ponen tristes al ver en qué se convirtió el hombre de este tiempo y al presenciar las constantes heridas a la Madre Tierra. Sé que no existe nada sobrenatural, todo es natural; sé que tengo el poder de la piedra, que elijo mi destino cuando lo construyo, que venimos de las estrellas y para allá vamos, que soy paciente como la Tierra, que palpito con ella, que hemos regresado y pronto seremos millones; aprendí a descartar todo saber que me aleja de la vida, sé que la felicidad convierte el cuerpo en luminoso.

Y el Abuelo dijo antes de marcharse: "Aunque aprendan nuestro idioma, no entenderán nuestro conocimiento si continúan acercándose con prejuicio y soberbia". ¿Cuánto tiempo más demorarán en darse cuenta que la vida es otra cosa?

CAPÍTULO 10

DERPERTAR A LA VIDA

Vivir implica aprender a vivir. Nacemos incompletos, nacemos para completarnos. Ese proceso es el trabajo interior que nosotros llamamos chamanizar la vida, que comienza con el darse tiempo para uno mismo, para observarse, observarse en un contexto de serenidad, ese alerta sereno que nos permite darnos cuenta de lo que está pasando, de lo que nos está pasando. Entonces comprendemos que algo está pasando, que está pasando el tiempo que somos nosotros, porque tiempo, quizá sea, lo único que tenemos.

Al observarnos tenemos la posibilidad de conocernos y esto abre la circunstancia de transformarnos, lo que se traduce en crecer; el crecimiento a su vez nos permite desaprender, dejar lo que no nos sirve, descartar lo innecesario y remodelar nuestra existencia en la perspectiva de lo que elegimos ser. Vivir es elegir, elegir es renunciar, aprender a renunciar nos vacuna contra la frustración y la decepción. El guerrero chamánico hace las cosas por el placer de hacerlas, no espera nada, no necesita aprobación ni aplausos, su recompensa es el placer de hacerlo y el aprendizaje que ello implica.

El aprendiz chamánico sabe que la vida es un paisaje sagrado, él sabe que no hay camino, que solo hay un caminante. Si quieres avanzar tienes que construir tu camino que solo será válido para tus pies, por ello, cualquier forma de proselitismo resulta estéril. Entonces, recordé cuando el Anciano me dijo: "Al universo no le importa cómo vives, pero a la vida sí".

Hay gente que está orgullosa de estar dormida. El chamanismo Iveshama no es un dogma ni una religión, es una puerta a la vida en su versión plena. Nosotros partimos de la sospecha de que la vida es otra cosa y que no hay mejor forma de espiritualidad que el estilo de vida cotidiano. Tú eres sagrado y donde sea que estés, ahí está tu altar. Sabemos que la vida convencional nos ofrece un sistema corrosivo que termina destruyendo la posibilidad de crecer en la vida. Sin crecimiento no llegamos a conocernos y, por tanto, pasamos la vida sin saber lo que realmente era. Hay varios caminos para aprender a vivir, empero la vida plena es solo una y el presente la oportunidad final.

Sabemos que la vida depende del nivel de consciencia, que el estilo de vida es la mejor garantía de espiritualidad y de salud. Sabemos que crecer es convertirse en naturaleza y luego en Universo. La meditación y la reflexión son las herramientas para trabajarse. Mejor si los demás no saben lo que haces. El animal que no deja huellas al caminar es menos atrapable. Recuerda, para evolucionar hace falta un estilo de vida que no interfiera en ese proceso, recuerda también que negarse a crecer es antinatural.

Pacha somos nosotros desde que nos despertamos, no hay diferencia con el Universo, él también circula por nuestras venas. Nuestros antepasados también somos nosotros. La sensibilidad se acrecienta cuando crecemos, mas tenemos que aprender a manejarla para que en tiempos como estos, no se convierta en un factor entristecedor. No necesitamos producir milagros ni hacerle culto al fenómeno, el primer milagro que tenemos que realizar es el de vivir con felicidad pase lo que pase. La gente dormida es feliz cuando tiene un estímulo agradable o una buena noticia, sin embargo, cuando despertamos la felicidad es permanente y sin motivo externo. Es peligroso depender de los estímulos externos o de los sentidos, porque la calma y el bienestar nacen de adentro y se fundan en el hecho de darnos cuenta de que estamos vivos y de que estar vivos es una cita con la plenitud.

Con frecuencia me preguntan cómo me defino a mí mismo, chamánicamente hablando, mi respuesta cambia cada día, hoy podría decir que soy el observador que se observa a sí mismo, el ser que sabe que su vida es una obra de teatro donde cada uno no puede ser más que el protagonista. El auténtico guión de nuestra vida tiene que ver con la comprensión de la misión que traemos porque en ello se encuentran las claves para la evolución de la que somos parte. El despertar del zombie es el inicio de la sabiduría Chamánica.

Después de despertar comienza la vida, la vida verdadera. Lo demás son variantes más o menos grotescas de simple y elemental supervivencia. Cuando llegas a comprender la vida como una aventura multidimensional, cuando presientes la eternidad en cada instante, cuando puedes saborear cada momento y extraer el sabor del saber y convertirlo en estilo de vida, es probable que te estés despertando, porque la vida consiste en experimentar la eternidad en cada instante y crecer con todo lo que te pasa. Esto es chamanismo.

Y no lo es el usar plumas o hacer rituales que a menudo no son más que la banalización de lo indígena, folklorizando lo sagrado y poniéndolo de manera fácil y rápida, lista para el consumo turístico. Iveshama no tiene nada que ver con ese supermercado que vende productos pseudotranscendentales, solo aptos para consumidores poco críticos y sin ningún trabajo interior.

El guerrero chamánico no tiene otra alternativa que vivir plenamente, lo otro no es vida ni genera crecimiento. Aprender a vivir es suficiente porque incluye todo. Comenzamos a aprender a vivir despertándonos, despertarse nos induce a servir. No existe ningún sustituto de la vida plena y chamanizar la vida nos exige vivir como mínimo de manera espectacular. Vivimos plenamente o estamos muertos. Vivir plenamente es la auténtica experiencia chamánica. El chamanismo te recuerda el deber de vivir dignamente cada día.

La infelicidad genera diversos trastornos mentales, nos hace profundamente desconfiables, por eso no es posible confiar en la gente infeliz, su energía es densa y su aspecto anti fotogénico. La infelicidad es una distorsión de la naturaleza, una anomalía lamentable, un estado inaceptable para quien se respeta y se ama. Con el chamanismo tu sentido de la vida cambia y la naturaleza deja de ser solo naturaleza. Lo ordinario deviene en extraordinario cuando nos despertamos.

Despertarse en esta civilización occidental resulta indispensable, porque la gente es masivamente inducida a vivir sin darse cuenta de lo que es la vida. El hombre común se considera feliz porque no conoce la felicidad, incluso se cree vivo, porque ignora que la vida en realidad es mucho más de lo que le dijeron. Sin embargo, cuando comienza a sospechar que hay algo más, que la vida es mucho más, cuando intuye que lo más importante no se lo contaron, entonces descubre que vivir sin despertar es una pesadilla y que no ser feliz es un crimen contra uno mismo. Entonces, descubre la importancia de observarse y esto se traduce en la generación de una visión interior que le induce a transformarse completamente.

Comprende que la forma de pensar, sentir y vivir del hombre común, es lo que le impide crecer; comprende también que la percepción del hombre normal es anormal. Tener consciencia de que estamos vivos es darse cuenta de la misión que implica cada existencia. Quien no admite que el Universo está vivo..., está muerto.

Los problemas son necesarios para aprender y fortalecerse, sin embargo, hay un momento en que ya no son necesarios, como las palabras que también se tornan innecesarias cuando el silencio es elocuente. Desentrañando el presente nos instalamos en el aquí sagrado. Permanece alerta al presente hasta sentir el flujo del tiempo, entonces comprenderás el devenir de la vida y lo que tienes que hacer en ella.

El hombre normal no sabe nada de la vida. Toda la educación a que es sometido está diseñada para justificar la ignorancia del hombre actual y su participación en este sistema de manera acrítica y domesticada. El hombre contemporáneo ni siquiera llega al punto de ver que no ve. Es que la vida solo puede comprendérsela viviendo profundamente y esto incluye trascendencia y renuncia a la superficialidad, que nos invita todo el tiempo a mirar solo para afuera. No te olvides de vivir intentando aprender a vivir.

Si no estamos atentos, buscar crecer puede boicotear la vida plena. Venimos a celebrar la vida luego de descubrirla. Nuestro chamanismo no es espiritual en el sentido convencional, se ocupa de la vida integral y multidimensional y ello incluye..., todo. Nosotros miramos las estrellas y no la oscuridad que la rodea, pero no olvidamos que sin oscuridad, no podríamos ver la luz. Venimos a celebrar la vida luego de descubrirla, el resto es aprender a vivirla.

No pretendo ser lógico, la lógica occidental es incompatible con la magia. En chamanismo no controlamos y sí direccionamos. Nos gusta la gente libre, es libre quien aprendió a autogobernarse. La experiencia es necesaria pero no es suficiente. Urgente repensarse. Renunciando al individualismo empieza nuestra liberación. El guerrero chamánico vive en el mundo pero no pertenece a él. Para nosotros entre interior y exterior hay un hilo de continuidad que todos pueden percibir desde que se despiertan.

El hombre es un animal con historia y capacidad de darse cuenta de lo que hace, por ello necesitamos ser críticos con la educación actual. La buena educación actual es la que embota mejor la conciencia de la gente. Vemos lo que vemos según la visión que tenemos. La verdad no existe con independencia de la consciencia que la percibe. Si te limitas a vivir el presente, respiras otro aire.

Soy testigo de mí mismo. Soy un intérprete de la filosofía chamánica, de la sabiduría ancestral. Morir a una etapa anterior es un requisito para despertar. Quien no aprendió a gobernarse es esclavo de sí mismo. Cuando descubrí que soy un punto en el Universo, descubrí que el Universo está en mí. Entonces, descubrí que solo es libre quien carece de miedos. Admito que estoy tan absorto en disfrutar la vida plena que no tengo tiempo ni ganas para nada más.

Si la vida no es suficientemente extensa para descubrir y liberar todo nuestro potencial, perder tiempo es la peor imprudencia. Recuerda, mientras no seas feliz, será imposible que descanses completamente.

CAPÍTULO 11

EL SENDERO CHAMÁNICO: UN ESTILO DE VIDA

Iveshama es otra forma de vivir, que incluye los sueños que sueñas y que permanecen en gestación en nuestro campo energético. Soñar es sembrar futuro, soñar es atreverse; todo comienza con un sueño. Cuando uno se despierta, puede mirar el futuro desde la ventana de los sueños. Soñar sirve para vivir mejor.

Un día el Anciano me dijo: "Yo no quiero tener muchas cosas materiales, porque estoy de paso". Hay gente que tiene casa, pero en verdad lo que necesitamos es un hogar. El hogar está en el corazón y va contigo donde sea que vayas, empero antes hay que construirlo, todo comienza con un sueño. La gente que no sueña se convierte en un fósil.

El chamanismo es patrimonio de la humanidad, tiene gran capacidad generativa y no tiene nada que ver con el puré cultural que presenciamos en la actualidad. El conocimiento proveniente de la cultura, es lo último que nos queda. Sin conocimiento carecemos de identidad, no sabemos quiénes somos ni lo que tenemos que hacer; sin raíz, la vida deviene en intrascendente existencia. Solo nos queda refugiarnos en la herencia ancestral convertida en conocimiento y traducible en estilo de vida. Quien pierde la dignidad es un cadáver que camina.

La cultura y, con ello, lo chamánico, es preciso conocerlos en su dimensión práctica, sin renunciar a su comprensión teórica. Es fundamental saber cómo funciona, percibir lo invisible, decodificar adecuadamente los símbolos. Es urgente descivilizar a

60

los civilizados que no aprendieron a vivir y solo saben destruir y destruirse. Suprimida la verdadera educación y reemplazada esta por una instrucción técnica, queda garantizada la incapacidad de reflexionar, y en ese sentido se organiza todo para que carezcamos de tiempo para pensar. Los medios modernos de comunicación garantizan la incomunicación, el envío de minúsculos mensajes lo más rápido posible, evita que sean reflexionados. Mientras tanto el consumo continúa siendo inducido, la mercancía permanece en el altar recibiendo culto cotidiano, la imagen desplaza a la reflexión, la gente fue entrenada para ver en vez de pensar. Ya no hay comunicación. Paradójicamente las nuevas generaciones deambulan por las calles del presente, enviando mensajes desde su celular mientras escuchan música. Está garantizado que no reflexionen, que no escuchen, que no vean ni se den cuenta de nada. Está garantizado también que carezcan y, mejor de manera definitiva, de la capacidad de asombro y esa curiosidad que un día nos llevó hasta la luna.

La profundidad fue abolida junto con la trascendencia. Ya no hay guardianes de la vida. Los pocos indígenas que sobrevivieron, permanecen en el anonimato, esa clandestinidad optada para preservar la herencia ancestral. El resto fue convertido en relatos de museos o folklorizado para el consumo turístico. Los abuelos indígenas en la antigüedad sabían que el trabajo estaba unido a la vida, que no era prudente vivir para trabajar. Los colonizadores nunca entendieron que para nosotros todo era de todos y que el conocimiento chamánico, en muchos aspectos, era más poderoso que el que trajeron ellos. Nuestras armas eran otras, nuestra tecnología interior nos permitió mover gigantescas piedras, que hasta la fecha el occidental no se explica cómo se pudo hacer sin contar con animales de tracción.

Para nosotros ser no tiene nada que ver con tener. Nunca entendimos a quienes se obsesionaban por tener. Con la llegada de los colonizadores, conocimos el miedo y la acumulación; los Abuelos se pusieron tristes al ver tanta destrucción, decapitaron a nuestro líderes y a nuestros árboles guardianes, nos negaron el derecho a mantener nuestra propia espiritualidad, comenzaron a apropiarse de la Madre Tierra y a venderla, instauraron el miedo a ser uno mismo, el miedo a preservar nuestra tradición, el miedo a expresar lo que sentimos y provocaron el miedo a vivir como aprendimos de los Abuelos. Y construyeron jaulas con el miedo, y torturaron la inocencia e inventaron la pobreza, nos dejaron solo la posibilidad de expresarnos con nuestro silencio, mientras nos recomendaron transitar el camino de la obediencia.

Sin embargo, nuestro conocimiento permaneció intacto, recordándonos un estilo de vida sagrado y reflejando el orden cósmico. Nosotros cuando construimos, hablamos con la Tierra y reflejamos el Universo. La medida del tiempo desde nuestra perspectiva es distinta, entramos en el tiempo y lo sentimos cíclico cuando nos equilibramos, cuando comenzamos a fluir en armonía con el *Chejpacha*. Y saludamos a las cuatro direcciones, y tallamos el conocimiento recopilado, nuestros antepasados están en nuestros rostros. Para salvar a la Madre Tierra, precisamos salvar al hombre y esto significa chamanizar la vida.

El tiempo se está agotando. El presente tiene que incluir al pasado. El sendero chamánico es el camino de la responsabilidad. Nosotros preferimos las profecías que nos hablan de antes, de cómo se vivía cuando la vida era lo más importante. No basta tener muchas cosas, es necesario ser feliz y estar en paz con toda la Madre Tierra. Y que las nuevas generaciones nos vean viviendo con sabiduría y sensibilidad. El águila y el cóndor ya comienzan a volar juntos en lo más alto, tan alto que la mayoría aún no percibe la sincronización de tradiciones; se acelera el día en que todo cambiará, lo que no sabemos es si el cambio será por crecimiento de la consciencia o por la devastación y el ecocidio.

El hombre es el único ser que se pregunta y esa ventaja no debemos perderla. No podemos evitar elegir, empero, sí es posible hacer de nuestra vida una suprema aventura. "¿Cómo son tus días?" –preguntó el Abuelo. Elegir bien es el camino a la libertad luego de reducir las necesidades. "¿Qué haces con el polen que recoges?" -insistió. Recuerda, no hay camino, hay caminante. El verdadero caminante no busca caminos que luego opriman su libertad. ¿Qué haces ahí sentado en la puerta de tu vida? ¿Por qué esperar que pase algo para reflexionarlo y observarlo? ¿Sabes que vas a morir? Y si estas consciente de ello, ¿por qué no aprendes a vivir cuanto antes, vivir con poder? Recupera primero tu tiempo libre y, a continuación, tu vida entera y empieza a ser todo lo que puedes ser. Ser algo más que una especie. Quien no crece, es una falla geológica.

Amar es la mejor manera de vivir. Para amar hace falta primero haber logrado la felicidad. Es posible ser feliz cuando dejamos de buscar la felicidad y motivos externos para ella. La felicidad es nuestra condición natural de existencia. Empezamos a ser felices cuando nos declaramos felices, sin más motivo que el hecho de estar vivos. Hace falta estar vivos a lo largo y ancho de toda nuestra vida, sin olvidar que no estamos solos, que estamos conectados con toda forma de vida, en una red invisible que atraviesa la materia. Por ello, es recomendable cerrar los ojos y ver más allá de lo accesible a los sentidos. Nosotros no hemos perdido el paraíso. Lo estamos construyendo.

Se trata de fundirse con todo, de crear vida, de sintonizar el silencio y conectarnos con uno mismo y desde nosotros con todo. El conocimiento chamánico enlaza la vida con el poder, la voz interior es la palabra de la consciencia. Los indígenas somos los pioneros del nuevo amanecer, somos cazadores de instantes, vivimos con fervor cada día porque cada día es por última vez. El purgatorio actual es la infelicidad, la depresión es el infierno que tantos habitan sin motivo. La sabiduría nos mantiene unidos en la diversidad, las montañas son las antenas, los árboles antiguos son sagrados. Para conectarse con las piedras, es necesario abolir la distancia con ellas, cuando ello ocurre, podemos generar diálogos pétreos. La danza es oración y agradecimiento por todo y por la vida. Los Abuelos dicen que no se necesita otra religión que el amor.

La luz del sol alimenta el cerebro, pero la irreverencia nos desconecta. La realidad es un escenario para operar en él, a partir de la intención y la voluntad. Es fundamental mantenernos sin miedo. Chamanismo es el camino más antiguo y, sin embargo, vigente en pleno siglo XXI. Es una metodología de transformación. El primer poder chamánico es ser feliz pase lo que pase. Nosotros decimos que cuando el chamán está preparado, aparecen los aprendices y solo ellos pueden decir quien uno es. Quien se autodefine se autodescalifica.

El sonido del tambor y la maraca es la nave que nos transporta a otras realidades que también están aquí. Las prácticas chamánicas son profundas experiencias estructurantes, transforman la visión personal totalmente porque para comprender lo que somos, tenemos que respondernos desde otros estados de consciencia. El chamanismo busca el equilibrio psicofísico porque la vida tiene que ser una auto experimentación manejada con lucidez. La experiencia Chamánica busca modificar la cosmovisión convencional, aunque sea brevemente, para que cada uno pueda constatar vivencialmente que la vida puede ser otra cosa, es decir, mucho más de lo que nos dijeron.

El acto chamánico es pleno aunque sea pequeño. Chamanismo es reconstruir los lazos con la Madre Tierra y con ese Universo que es solo vibraciones, que el silencio nos prepara para sintonizar. Se trata de entretejer historias, de ver las realidades múltiples e interconectadas. Para controlar la materia, hay que manejar la energía, porque el espacio es una red energética a la cual está pegado el tiempo y así estará mientras lo percibamos los humanos.

El chamanismo nos habla de una realidad alternativa, es el contacto directo con lo trascendente de manera no religiosa, es posibilitarnos el encuentro con nuestra experiencia profunda. La espiritualidad para nosotros no está ligada a la religión sino al poder del hombre, a la energía de las plantas que nuestros abuelos llamaban espíritu. Recuerda que la persona es una unidad irrepetible y que la coherencia nos da el poder de parecernos al universo.

Nada material existe. La materia es la sombra de la energía. El chamanismo guarda muchos secretos y claves para vivir mejor.

CAPÍTULO 12

EN FAVOR DE LA VIDA

Quien aprendió a vivir chamánicamente, no vive para trabajar. El humano que bebió la sabiduría ancestral, no busca condiciones óptimas para ser feliz, construye lo que necesita. Él observa a los que no se dan tiempo para aprender a vivir, a los que se resignan a sobrevivir, para lo cual acuden a centros de entrenamiento para sufrir. Esa es la opción que sigue la mayoría. Por eso la gente necesita drogas y alcohol para soportar lo insoportable, manicomios y psiquiatras. En realidad, es más difícil ser infeliz, pero con tanto entrenamiento, las personas aprenden a complicarse, a sufrir, a enfermarse, a sobrevivir; de esta manera la infelicidad y la enfermedad están garantizadas..., y el mercado saludable.

En el chamanismo sabemos que la vida solo sirve para crecer, es decir, para vivir plenamente. Lo que ocurre en la mayoría de los casos, es una mera supervivencia intrascendente, rutina que enferma y prepara a la gente para vivir mal. Hay quienes ni siquiera saben que están mal. Como la mayoría está mal, parece que eso es lo normal. Observamos que el vivir para trabajar se constituyó en normal y lo normal devino en actitud sospechosa, digna de quienes son candidatos al desequilibrio. De esa manera, todo innovador, todo rebelde, toda persona crítica y quienes comenzamos a sospechar que la vida es otra cosa, somos rápidamente descalificados, pues en ausencia de la inquisición medieval, ahora se usan las armas de la difamación y la calumnia, en un intento casi siempre exitoso de provocarnos una muerte civil, basada en la desconfianza de la gente hacia todo aquel que se convirtió en la oveja negra del rebaño e inauguró un pensamiento propio.

La infelicidad llegó a ser tan popular que se pasea tranquilamente y con total impunidad vestida de normalidad. Para nosotros nada es tan estúpido como vivir mal y pensar que estamos bien. Tendría que sancionarse al que se engaña. Tendría que estar prohibido intentar vivir sin haber aprendido a vivir.
"No se te ocurra romper la vida con infelicidades y otras tonterías" -me dijo un día el Abuelo indígena-, "no se te ocurra volverte insensible a las señales de los tiempos, ni olvidar el idioma de los árboles; cuidado con practicar la irreverencia y con ignorar que la vida, esto que te pasa cada día con todos sus instantes, es un sagrado ritual; recuerda que tu cuerpo es tu altar y tu tiempo la forma en que se expresa la vida". Desde entonces, comprendí la importancia de vivir el presente plenamente, sin contaminarlo con remordimientos del pasado ni miedos del futuro.
Sabemos que la duda es un privilegio reservado para gente lúcida. Sabemos que la lucidez es el síntoma de haberse despertado, señal de que siguiendo la sospecha de que la vida es otra cosa, activó su alerta sereno y se dio tiempo para observar al observador que actúa; y desde esa actitud de alerta, comienza a

conocerse para remodelarse y apuntarse a la reconstrucción de la autenticidad, reservada para quienes comienzan por identificar lo que no son, lo que no quieren seguir siendo, es decir, todo aquello que pusieron en uno, vía educación y ejemplo.

Quien otorga al otro el poder de hacerle feliz, admite que fue incapaz de ser feliz por su cuenta. Ese es el camino de la vulnerabilidad y así uno se predispone a sufrir, a vivir a expensas de un entorno cambiante e indomable; esa es la opción por la infelicidad, en la que tantos están graduados y asumiendo el compromiso cotidiano de sacrificar la vida a cambio de un simulacro que oscila entre aparentar y consumir, mientras se consume el tiempo limitado que tenemos.

Iveshama propone caminar en sentido opuesto, vamos a favor de la vida, porque lo importante no es aparentar ni tener, sino vivir plenamente y aprobar la escuela de la vida.

La peor enfermedad existencial es la infelicidad, la peor profesión es hacer lo que no se ama. Solo el humano, entre todas las especies, tiene el potencial para hacer de su vida una obra de arte y, sin embargo, elige vivir miserablemente.

En chamanismo sabemos que nadie vivirá por ti y esto nos compromete a construir nuestro camino, a fortalecer nuestros pies, a desarrollar el alerta y saber que habitamos una selva de cemento con fieras que devoran nuestro tiempo, nuestra alma, nuestra identidad, nuestras ganas de vivir y, lo peor de todo, que no matan nuestro cuerpo de golpe (no sería rentable para ellos) sino sigilosamente, con la lentitud que precisan para que el juego macabro continúe.

Nosotros hemos vuelto a vivir en comunidad y cerca de la naturaleza, hemos reconstruido nuestra raíz y recuperado nuestra visión y, a continuación, hemos bajado al mundo para recodar a quienes aún puedan oír, que la vida es otra cosa, que aprender a vivir no solo es posible, es imprescindible; que vivir es el más hermoso riesgo, empero, tenemos que saber hacia dónde se dirigen nuestros pasos, pues la vida es un camino que precisamos construirlo y aprender a transitarlo con la lucidez y el alerta indispensable, ya que un momento de descuido y..., nos vendieron lo que no necesitamos.

La oruga de lo mediocre puede convertirse en la mariposa de la felicidad, ¡recuérdalo! Por encargo de los Abuelos, la buena noticia que te traemos es que ha llegado el día en que solo tenemos que vivir. Quien aprendió a vivir trabaja menos y vive más, con creciente bienestar y salud permanente. Cuando encuentres belleza, aprendizaje o placer en todo lo que te pase, ya descubriste la "actitud chamánica", que te conducirá a la vida plena y, entonces, sentirás que la Pachamama te da la bienvenida y que comienza la Fiesta de tu Vida.

CAPÍTULO 13

CHAMANISMO FEMENINO

Lo femenino es volcánico y tempestuoso, empero el autogobierno convierte la fuerza femenina en poder. En toda mujer hay una salvaje agazapada dentro esperando la oportunidad de liberarse, oportunidad que incluye desafíos y riesgos, ambos recomendables para despertarse. Lo ancestral prohíbe a la mujer enamorarse de hombres dormidos, el sueño de: no me di cuenta, es contagioso. El Gran espíritu perdona el transitar senderos que no eran para tus pies, empero, el tiempo nunca perdona y sigue de largo. Si besas a la vida en la boca, habrás comenzado a vivir en tu corazón; el resto se dará por impulso interno pues hay cosas que toda mujer sabe, que no precisa aprenderlas.

Habitamos un mundo patriarcal y machista, la inquisición contemporánea no mata el cuerpo, aniquila el alma. La mujer fue inducida a olvidar su poder y entrenada para desarrollar roles secundarios, además de ser preparada para sufrir. La infelicidad no es consecuencia de un destino inevitable, sino el resultado de un minucioso entrenamiento que comienza en la infancia, se intensifica en la adolescencia y alcanza su esplendor cuando la mujer ya sabe complicarse y deprimirse por iniciativa propia. Quizá la prehistoria es ahora y el mundo recién volverá a ser humano.

Habitamos una época básicamente patriarcal, todavía existen muchos hombres en instancias de decisión que amenazan la seguridad y la vida del planeta entero y pocas mujeres líderes ocupando el lugar que les corresponde. Muchas mujeres han llegado al absurdo de acudir al ginecólogo para preguntarle cómo parir, cuando esto lo vienen haciendo los cuerpos femeninos hace milenios. Sin duda, la mujer aislada de otras mujeres es menos poderosa, desconectada de la luna carece de magia. Empero, no se trata de luchar contra el hombre sino de ayudarlo a superar el machismo del cual él es, la primera víctima.

Reaprópiate de ti misma, recupera tu poder, despierta tu sanadora, instala tu corazón junto a tu cabeza, segrega pensamientos con amor y acaricia con inteligencia, respira magia y no descartes la sensualidad que habla el idioma de los gemidos. Aprende a curar sin envenenarte. Recuerda que amar eleva tus vibraciones y te entrega la inédita libertad que te habilita para el autocontrol de tus emociones más allá de toda represión; permite que tu libertad se pasee de cuerpo entero a lo largo y ancho de todo tu escenario vivencial. Es tu vida. Lo que tú no hagas, quedará pendiente.

Crecer es curarse del machismo, es purgarse del miedo y habilitarse para un gradual autocontrol. Es el renacimiento de la diosa y la adquisición de tu poder natural que inaugura una nueva visión, es la iniciación a la vida. Toda mujer iniciada recibe un canto que se constituye en su sonido sagrado. Desde una nueva mirada el hombre deja de ser el sexo opuesto para convertirse en el sexo complementario, el cual precisará, a su vez, ser iniciado por una mujer. Recuerda que el cuerpo femenino es la extensión de la *Pachamama*, que se viste de magia desde que ella se sincroniza con la naturaleza.

Es que la mujer despierta es diálogo constante con la naturaleza, por eso todo lo que pasa en el Universo le afecta a ella. Cuando la mujer abandona su conexión con la Tierra, pierde su poder y ese recurso purificador que tiene a mano. Cuanto más reflexiona la mujer, más rebelde y más crítica será su postura. Cuanto más medita, más poderosa será, este proceso incluye pasar del instinto a la intuición. No temas atravesar la locura, es preciso darse a luz. Lo instintivo les conecta a la naturaleza, sin embargo, cuando esta conexión se profundiza y se torna natural, se supera lo instintivo y se accede a la intuición. Entonces, puedes confiar en tu cuerpo y danzar con tus problemas, meditar danzando hasta el éxtasis. Recuerda que la mujer piensa con todo el cuerpo y siente con el alma. Ninguna mujer está sola, desde que se despierta.

El machismo es una droga que tiene como esencia al miedo. Desde la lógica patriarcal se propone a la mujer una vida irreflexiva y profundamente superficial. Desde nuestro chamanismo te proponemos restablecer el pacto de sangre con la Tierra, retomar los ritos lunares, aprender a moverte como jaguar, sin dejar huellas para no ser atrapable. La mujer tiene una tendencia natural, casi biológica al chamanismo. Es urgente que chamanice su vida para descubrir los poderes que porta y desconoce mientras duerme. Convierte tu menstruación en una ceremonia, menstruar es morir, es renovarse, es renacer. La tensión premenstrual es el síntoma de no manejar ceremonialmente la luna.

La mujer sin poder se hace descartable. Reconecta tu chamana interior, recuerda que nuestra vida es una pausa festiva y sagrada entre dos eternidades que gotean sobre nuestros días en forma de instantes. La menstruación conecta a la mujer con la Madre Tierra, la enlaza con la Luna, la hace danzar con *Mamakhocha* -el mar- le invita a viajar a su espacio interior y conectarse con *Mamaocllo* -la chamana interior-. Cuando la mujer deja de sangrar, ya debería tener la sabiduría de las Abuelas, consagradas a formar a las nuevas mujeres, ya que desde sus almas acumulan muchos pasos, muchas lunas, muchos atardeceres. Cuando no despierta su poder interior, este se vuelve contra ella.

La mujer es el puente de retorno de la humanidad a la naturaleza, la mujer da vida y antes, debe darse vida a sí misma. La mujer sumisa es un mal ejemplo para las demás. Recuerda que la mayoría de las mujeres fueron entrenadas para ser dependientes e inseguras, a reducir sus vidas a la administración de necesidades innecesarias. La mujer fue insensibilizada durante varios siglos, empero es posible despertarse. Quizá todo comience dándose tiempo para contemplar la naturaleza, asumirse como naturaleza, observarse, conocerse, transformarse, remodelarse y elegir cómo quieres ser. Consecuencia de ello es crecer y recuperar su capacidad de disfrutar, formar círculos lunares con otras mujeres, cantar, danzar en las noches de luna llena, recuperar su alma, viajar a su cuerpo y de esa manera incrementar su sensibilidad, aprender a renovarse conscientemente y a comunicarse sin palabras, como muchas madres hacen con sus hijos. Desde que se despierta, la mujer es responsable de lo que piensa, siente, dice y hace; desde que se despierta, la mujer empieza a ver que existen otras formas de vida.

Mientras más descubre el chamanismo, más se enamora de estar viva y poco a poco el amor se hace cargo de ella. Comprende que si cortas las alas a la mariposa de la vida, esta degenera en rutina. Toda mujer despierta emana perfume y, más aún, cuando se compromete a repoblar el planeta de mujeres felices, entonces siente inevitablemente que el Universo le da la bienvenida. Esa es la fiesta multidimensional a la que estás invitada.

Capítulo 14

Pero Entonces, ¿Qué es Chamanismo?

Chamanismo es el conocimiento que transforma vidas, es la escalera para subir de la Tierra al Cielo, es experimentar el éxtasis hasta embriagarse y todo ello, no en forma de rituales aislados ni ingestiones químicas constantes, sino desde una nueva mirada que dibuje otra realidad que también está aquí, es más, se trata de la misma realidad, decodificada y construida con otras herramientas.

En Oriente dicen que la realidad es ilusión, en Occidente creen que la ciencia puede explicar la realidad, empero al centro de ambas posturas podemos encontrar el pensamiento indígena, sin extremismos ni fanatismo, sin pretensión de validez ni universalidad. La realidad no es lo que vemos, pero se constituye en la materia prima a la que añadiendo instrumental y sensibilidad adecuados, nos conduce a la comprensión de la realidad, ese territorio donde comienza la vida.

Todo está entrelazado, incluso lo que no existe. La vida está en dos lugares al mismo tiempo. Lo sabían los Abuelos indígenas. La vida es una zona de experimentación. El chamanismo es una herramienta que nos permite trabajar y trabajarnos de manera profunda y multidimensional. Es que la vida, no puede hallarse fuera de la vida. Un dato fundamental: "La vida es otra cosa".

Los científicos no saben casi nada de la vida, porque no están involucrados en ella. Se limitan a realizar juegos mentales y experimentales subordinados a la razón, útil para comprender una parte de la vida, pero imposibilitada para explicarla en su totalidad. Es tiempo de admitir que se puede ver la realidad de otras maneras, que la ciencia es apenas una manera de aproximarse, una forma de construir la realidad, pero no la única ni la más válida. Si se continúa viendo la vida como se ve en Occidente, de forma lineal y mecánica, se habrá perdido la magia y, con ello, el sentido de una existencia multidimensional.

Las nuevas maneras de observar el mundo, son las más antiguas. Desde que el hombre olvidó la sabiduría ancestral, descalificó al chamanismo, comenzó a extraviarse en un mundo plano y lineal, porque no somos máquinas, somos magia encapsulada en un cuerpo, con permiso para surfear éxtasis y plenitudes. En chamanismo cada uno aprende a decidir por sí mismo pero con lucidez. Chamanismo es aprender a preguntarse y con ello abrir otras puertas. ¿Quién soy?..., soy una mezcla de chamán, poeta, visionario, pionero y rebelde; mi vida comenzó cuando me atreví a mirar lo que hay adentro de la vida. Entonces, comprendí que los problemas y adversidades estimulan mi cerebro y fertilizan mi imaginación.

La diferencia entre una persona dormida y otra despierta, es que la primera solo piensa en sí misma. Ya no se puede suponer que la vida es solo esto. Seamos honestos, casi todo lo que se enseña en las escuelas es mentira y está destinada a establecer en cada uno de nosotros un sistema de creencias del cual seamos prisioneros, para, a continuación, sobrevivir reprimidos y con el potencial amputado.

Comienza el día saboreando de pie el amanecer, de esa manera germinamos sensibilidades y nos habilitamos para una vida multidimensional. La ceremonia nos conecta con los mundos invisibles. La vida somos nosotros. Recuerda, más allá de ti, también estás tú. Recuperada nuestra sensibilidad, nos daremos cuenta que la *Pachamama* nos hace señas constantemente. Recuerda también que la naturaleza es el Universo más cercano. *Pachamama* significa Madre Tierra, pero también significa Universo.

¿Qué es lo que entregas a la vida? Empecemos a vivir de una vez por todas. La vida comienza cuando nos serenamos. ¿Por qué no ser adictos a la felicidad? No

saber algo nos coloca en el escenario del misterio que
inaugura la búsqueda, esa caminata alerta que nos
humaniza y nos gradúa de guerreros, esos seres que
incluso fracasan con éxito. Continúa experimentando
vivir, hasta aprender a vivir.

Ser infeliz es un signo de derrota. Hace falta ponerle
espíritu a la ciencia y declarar científico el
conocimiento indígena. Decía el Abuelo: "Todo está
escrito en la *Pachamama*, solo hace falta ojos para leer
esos mensajes". Sin sensibilidad estamos ciegos. La
magia está más cerca de la realidad. El dogma es el
estiércol que solo sirve cuando se lo entierra en el
terreno de la duda y la búsqueda. Pongamos a prueba
la vida, repensémosla desde el corazón. Recuerda que
una vida predecible nos vuelve animales domésticos,
habitando una rutina y dejando huellas por las que
seremos atrapables. Recuerda también que sin
felicidad, la vida no funciona.

Una conclusión fundamental sobre la vida: ella no
admite conclusiones. Precisamos buscar la
comprensión de lo que somos antes de marcharnos,
porque la vida es algo eterno, pero pronto estaremos
en el cementerio, es decir, estamos condenados a vivir
a escala humana, esto significa, vivir como dioses.

Capítulo 15
CLAVES CHAMÁNICAS

Vivir es una fluctuación consciencial. Vivir es natural,
no hace falta pedir permiso a nadie para vivir. El libre
albedrío comienza cuando nos despertamos.

La consciencia es el océano interior en el que navega
el Universo. Quizás la realidad solo sea la
solidificación de la consciencia. También podríamos

decir (a tiempo de admitir la complejidad de la exploración del cerebro humano, tan complejo como el Universo que fascinaba a los Mayas y a otros antepasados nuestros), que quizás la consciencia y la mente, sean solo la manera de comprender el Universo, que para el chamanismo no está afuera, porque todo y todos estamos dentro.

Las células cerebrales son las estrellas más luminosas en nuestro universo interior. Presiento que estamos diseñados para vivir con plenitud, empero necesitamos preservar la curiosidad, experimentar sorpresas, tener grandes desafíos. El guerrero chamánico sabe que cada día es por última vez, por ello te proponemos: hagamos de nuestra vida una fiesta de crecimiento y creación.

Me preguntan con frecuencia qué significa ser feliz desde un enfoque Chamánico. Ser feliz significa para nosotros pintar de colores nuestros átomos mientras experimentamos ebriedades místicas inspiradas en el amor.

Al amar activamos poderes latentes que poseemos, amar nos reorganiza la energía. Imagínate que existen en tu cuerpo y en especial en tu cerebro, células inactivas esperando la oportunidad de un estilo de vida más mágico y con mayor intensidad existencial, para despertarse y organizar renovadas maneras de inteligencia, que dinamizarán crecimientos e incrementarán sensibilidades.

Es que no tenemos derecho a vivir mal, más aún al recordar a los Abuelos diciéndonos que todos estamos conectados entre sí y con el Universo, en una vida que simultáneamente es simple y profunda, compleja y mágica.

Ayer me di cuenta, que cuánto más amo la vida, más rechazo a la sociedad, a esta sociedad consumista que consume vidas y convence a la gente de vivir con frivolidad y purgados de trascendencia, como si eso fuera lo normal.

Chamanizarse significa convertirse en creadores de vida.

Nosotros sabemos que decir realidad verdadera es mentira, que la objetividad no es posible, porque no podemos dejar de ser lo que somos cuando observamos. Es fundamental saber cuándo entramos en una emoción y aprender a salir de ella. La diferencia entre una persona despierta de otra dormida es la profundidad de los actos. El problema no es que el Universo sea salvaje, sino que el humano sea civilizado.

Nadie tiene la verdad, nadie monopoliza la razón. Juzgar es debilitar la libertad, vivir es viajar al alma. Urgente hablar con el agua. El chamanismo no es un producto para ser consumido, es una vieja novedad que nos provee conocimientos para refundar nuestra existencia, para conocernos y acceder al poder latente existente en cada uno y todo ello convertirlo en un estilo de vida donde el servicio sea una prioridad.

El chamán básicamente es un ser capaz de comprender la vida y decodificar la realidad, a partir de la lectura energética que le permite intuir lo que tiene que hacer y orientar a las personas, ayudar desde su sensibilidad a poblar la vida de magia, porque desde que nos despertamos, somos el espacio que crea el tiempo. Si no sabes quién eres, no es posible tu vida.

Los árboles cantan, las piedras respiran, los ríos danzan, las nubes pensativas dejan caer ideas líquidas. La vida para el chamanismo es un banquete de magia. Desarrolla tanta sensibilidad, que hasta los problemas te parezcan divertidos, porque si aprendes de todo lo que te pasa, si aprendes con todo lo que te ocurre, ya despertaste a la vida chamánica y te habilitas para decir: amo mi vida y ella vive a gusto en mí.

No le pidas al oro que brille, con que le dejes ser lo que es, suficiente. Que tu vida sea un modelo de posibilidades abiertas al flujo de las circunstancias. Recuerda que el guerrero requiere atravesar el fuego y que ningún día tiene que ser común y corriente. Cada uno de tus días debe ser extraordinario. La vida es un laboratorio chamánico y cada uno es un alquimista con permiso para experimentar lo superior.

Resulta increíble cómo tanta gente elige hacerse daño.

Recuerda también que la fuente de la libertad es la vida misma manejada con impecabilidad, que vivir es responder las preguntas y los misterios de la existencia, que la libertad está disponible para los que se despertaron.

Vivir es un viaje de aprendizaje. La gente feliz aprende más rápido. Repetir un acto no tiene que llevarnos a lo mecánico sino a lo profundo. Es importante saber qué hay detrás de tus palabras. Recuerda que los pensamientos y sentimientos cambian la química de nuestro cuerpo.

Chamanismo es aprender a usar la intención y canalizar la voluntad. ¿Sabes que puedes vivir como quieras pero con lucidez? Si quieres compartir tu vida con alguien, no olvides que vivir juntos es disfrutar las diferencias. Recuerda también que si no te creas a ti mismo, te deformarán sin compasión y que los sueños nos dan el combustible para avanzar confiados en la vida. Que la vida aparece y desaparece, si aún estás aquí, vívela intensamente.

CAPÍTULO 16

¿QUÉ ES LA REALIDAD?: LA REALIDAD ERES TÚ

Tu forma de vivir afecta al mundo, no lo dudes. Cada paso que das conserva tu huella, ahí permanece tu energía con su elocuencia silenciosa, hablando para quien desarrolló la sensibilidad necesaria. Hay otra forma de vivir, varias, y todas ellas respetan los derechos de los niños que aún no llegaron. ¿Te imaginas cómo estará el mundo dentro de 50 ó 100 años, si se continúa viviendo como hasta ahora? ¿Sabes que la vida se eleva con cada instante de amor? A eso me refiero cuando menciono otras formas de vivir. Toma la vida en tus manos y guárdala en tu corazón.

La vida es mágica o no es vida. No midas la vida en horas, saboréala en instantes, ese es el camino a la plenitud y una forma de tener un anticipo de la eternidad. Recuerda que en cada momento cabe toda la vida. Hay gente que cree estar viva, solo porque come y camina. Chamanismo, en la forma Iveshama, es una propuesta para chamanizar tu vida y disfrutar del caos inicial que implica toda transformación auténtica.

Que tu decisión sea, vivir vivo. Esta vida, más allá de historias y mitos, de lo que fuiste antes y lo que

80

podrías vivir después, es única e irrepetible con estas características. Recuerda también que solo la vida, la vida auténtica, puede poner fin al simulacro de una existencia verosímil, pero carente en el fondo de vida. La vida es otra cosa, ya lo sabes. En este sentido, adoptemos una medida extrema: empecemos a vivir bien.

La vida es interactiva al igual que el Universo. Sospecho que mi realidad deja de existir cuando dejo de contemplarla, por ello, la vida comienza construyendo al observador, porque una vida no observada se traduce en vacío existencial, que luego requiere administrarse con adicciones o resolverse con suicidios repentinos o graduales. El segundo paso del observador es actuar, observar y observarse simultáneamente, porque en la vida, todo ocurre al mismo tiempo, sin embargo, un buen observador puede ordenar su mundo en una escala de valores, priorizando lo que es más relevante en su vida, de esta manera, nada importante quedará pendiente.

Quienes comprenden la vida se sumergen en ella meditativa y reflexivamente, sintonizan el silencio de calidad y evitan quedar atrapados en la dinámica laboral que nos obliga a mirar exclusivamente afuera. Saben que es más fácil vivir sin vivir y que ello equivale a estar muerto en vida. ¿Cuál es tu posición ante la vida? Quien no cambia con el tiempo, se murió sin darse cuenta. Sin embargo, la vida permanece viva, a pesar de que muchos aún no la han descubierto.

Las formas de la realidad no son la realidad. Las propiedades de la vida, dan vida a la vida. La mente es el espíritu de la naturaleza. Lo desconocido es un continente seductor. Lo que no comprende el hombre occidental lo considera erróneo, entonces se autoengaña con total honestidad. Para el chamanismo la materia no existe, empero la estupidez contemporánea adquiere estatus de realidad. Nunca estuvimos tan cerca de aniquilarnos total y definitivamente como especie.

Un día descubrí que el Universo también estaba dentro, que una gota de sangre contemplada al microscopio, posee constelaciones y vida en forma variada. Mi espacio y mi tiempo me invitan a extender mis límites. Cuando desperté, el Universo me convenció que él estaba vivo, que nada está separado del todo, que lo llamado irreal es el disfraz con que se esconde lo real, reservado para quienes están preparados. Los bebés viven meditando, hasta que se le enseña a dispersarse.

Si enciendes tu luz, todo será diferente. ¿Quieres saber qué es la realidad? Es lo que tú piensas. Anoche me preguntaba: ¿cuál es la materia prima con que se elaboran los pensamientos?; si construyo la realidad con mi percepción, entonces, ¿existe una realidad preexistente a mi percepción? Creo que detrás del rechazo al chamanismo existe una soberbia incomprensión, además de un miedo al cambio, a lo nuevo, que resultó ser lo más antiguo.

Lo que no conoces, no puedes verlo aunque esté cerca tuyo; es preciso una renovación paradigmática que te capacite para sentir y presentir, para razonar desde el corazón. Hay que aprender a ver desde el corazón y ello implica chamanizar nuestra existencia. Desecha el miedo y la ignorancia como quien tira lo que no necesita, llena tu vida de magia porque donde termina la vida, comienza la muerte.

En cuanto te despiertes, se derrumbará todo lo que te enseñaron en esta sociedad. Por una parte, la vida es mágica y no requiere explicaciones ni admite conceptualización alguna; por otra parte, es razón y conocimiento, lucidez y sabiduría. Llenemos la ciencia de magia y será una herramienta evolutiva para la humanidad, que contribuirá en su despertar. Sabemos que sin despertar, la vida se convierte en una tontería existencial, en una estupidez cósmica y cómica. En estado de vida, toda nuestra energía está feliz.

Las mentiras oficiales cautivan menos. ¿Sabes cuál es la felicidad?, la ley de la vida ordena que cada uno viva vivo. Adentro y afuera son conceptos inexistentes y artificiales. La información solo es materia prima para trabajar, el conocimiento es el producto de un trabajo interior responsable. Los que no se sorprenden con la vida y su magia, los que no se conmocionan con el éxtasis ni se embriagan con la plenitud, los que no saborean cada instante ni agradecen amaneceres y horas vespertinas, sin duda están muertos. Quizá la vida solo sea una metáfora esperando ser presentida.

En una gota de rocío, el Abuelo guardó su conocimiento mucho tiempo y hoy se acerca para compartirlo contigo.

CAPÍTULO 17

CHAMANISMO:
UNA ANTIGUA-NUEVA MANERA DE VIVIR

Vivimos un tiempo en el que la gente está programada para sufrir, vivir sin preguntarse, cumplir una rutina intrascendente que reemplaza a la vida por el trabajo.

Todo cambia. La Tierra gira y se traslada, las estaciones se suceden, la vida nos recuerda en todo momento que es básicamente movimiento y transformación. Contradiciendo esta tendencia natural, esta vida expresada en movimiento, el humano de este tiempo se torna rígido y lleno de opiniones inamovibles, se fanatiza, se vuelve fundamentalista y acepta la existencia de verdades inmodificables, de validez universal. No se da cuenta de que detiene la vida cuando reemplaza al movimiento por la rigidez. Tampoco percibe que eso le hace daño, que le enferma y genera infelicidad. Vivimos en un tiempo donde la mentira pasó a ocupar el lugar de la verdad y la no-vida reemplazó a una existencia plena de trascendencia.

La ciencia ha olvidado que ella misma avanza refutándose, que cada nuevo conocimiento es la negación o superación del anterior, que resulta indispensable preguntarse, dudar, buscar y explorar, para continuar avanzando en conocimiento y que negarse al cambio es tan antinatural como perjudicial.

La realidad es multidimensional. Vivir en un solo plano es un error, así como es un error interesarse vivir solo por las cosas de afuera, o pretender explicar todo desde un único punto de vista. No debemos olvidar que mi manera de ver las cosas y mi propia forma de vivir afecta al mundo y matiza una realidad en la cual veremos de manera preferente aquello que queremos ver.

Una huella es muy importante para el originario de la selva, ahí están escritos muchos mensajes. También es importante leer las señales escritas fugazmente en las nubes, decodificar el movimiento del fuego y el vuelo de la mariposa. Nuestra cosmovisión tiñe de un determinado color todo lo que vemos. Por eso, cuando observamos, no dejemos de observar al observador, que no puede dejar de ser lo que es ni abandonar toda su historia cuando observa e interpreta. Tampoco podemos olvidar, quienes vivenciamos el chamanismo, que habitamos varias realidades y que lo que llamamos realidad no puede originarse exclusivamente en lo que nos cuentan los cinco sentidos.

Sabemos que los conocimientos que afectan intereses de los sectores privilegiados son silenciados. Es de conocimiento nuestro, que mucha información se filtra, se elabora y acomoda para difundir solo aquello que no perjudique a los privilegiados de siempre, ni contribuya al despertar de la gente.

Sabemos también que con majadera insistencia nos muestran el afuera, para que estemos ocupados y gastando nuestra energía en temas secundarios, mientras lo fundamental permanece ignorado.

Las cortinas de silencio en torno a temas esenciales están tendidas, la sociedad actual fue convertida en un gigantesco mercado en el cual solo importa que cada uno garantice su capacidad de consumo. Se ha llegado al punto de banalizar todo conocimiento válido, esconderlo o folklorizarlo, convirtiendo al mítico chamán (hombre o mujer de sabiduría, buscador ancestral de conocimiento y realizador de grandes rituales donde se manejaba la energía al servicio de la evolución de la consciencia) en un *souvenir*. Todo esto se ha frivolizado y convertido en un chamanismo descafeinado y de consumo turístico. Nada de esto tiene que ver con nosotros, que entendemos el chamanismo, más aún en su versión IVESHAMA, como una Misión urgente, como un camino de autodescubrimiento, donde no hay dogmas ni sectas esotéricas, ni proselitismo, sino una vida elevada a categoría estética y convertida en supremo ritual cotidiano. Las cosas no son como las vemos, pueden ser incluso mejor, si interpretamos el chamanismo como cosmovisión y desde esa mirada la convertimos en una forma de vivir que incluye la magia y la plenitud.

Sabemos que lo más bello es invisible a los ojos. Sabemos que cuando dejamos de ver ocularmente, nuestro cuerpo se llena de ojos para posibilitar la visión extra ocular, se multiplica nuestra sensibilidad, comenzamos a escuchar las vibraciones que esconde el silencio, descubrimos conexiones con otras realidades y vemos que la materia es solo el pseudónimo de la misma energía danzante, que bajo otra presentación aparece juguetona a nuestro paso perceptivo por una realidad de la que participamos en acción y creación.

El chamanismo nos habilita para reconstruir los lazos con la Madre Tierra, nos recuerda la importancia de volver a preguntarnos, de recuperar nuestra capacidad de sorprendernos y la posibilidad de elegir los pasos que queremos dar, sin olvidar que cada paso es una huella, una historia, una parte de nosotros de la cual no podremos sustraernos en el futuro. Sabemos también que no hay camino, que hay caminante chamánico y que a las huellas que deja se le denomina camino. La consciencia de nuestra fugacidad debe traducirse en mayor sentido existencial. Entonces, ¿dónde aprendemos a vivir?, ¿dónde aprendemos a morir? El hombre contemporáneo fue programado para estar ocupado, para no tener tiempo para temas fundamentales, incluso, el poco tiempo libre que le queda lo administra con programas recreativos frívolos que garantizan la ausencia de meditación y reflexión. La rutina propuesta convierte al tiempo en una prisión y a la forma de vivir en una secuencia intrascendente. Recuerda: quien no crece es una falla de la naturaleza.

Desde el chamanismo sabemos que las cosas no son como las vemos, que hace falta aprender a ver más allá de lo tangible y abordable ocularmente, que las mujeres y hombres nuevos precisan nuevas formas de sentir al mundo y traducirlos en estilos de vida auténticos. Ello nos llevará a descubrir nuevas formas de inteligencia. Quizá la capacidad de manejar las emociones sea la diferencia principal entre la gente despierta y los que permanecen dormidos, atrapados en el sinsentido existencial.

Saborea tu vida pero no te apegues a ella. Y ante todo pregúntate si estás haciendo funcionar tu vida en su versión plena. Recuerda que somos la intención de la naturaleza en forma de vida y que podemos elegir la acción plena, la experiencia extática y una forma de vivir superior. Se trata también de observar, hasta dejar de ver todo lo que nos dijeron antes y comenzar a ver desde uno mismo.

Mi intención se entrelaza con tu sentimiento, que se conecta con la realidad que es parte del Universo que se resume en una gota de sangre. En verdad, venimos evolucionando a partir de una misma matriz, somos *Pacha* -Universo- envuelto en epidermis y armado con una mente que despliega consciencia de sus actos. El fuego me habla del origen, el polvo de las estrellas se solidifica en roca, es la piedra que fue tallada por el mar y regresó a la tierra vestida de lluvia para nutrir la raíz del árbol que alimentó mi crecimiento en forma de microbio, insecto, pez y mamífero. Somos parte de una familia grande en movimiento constante.

El chamanismo busca comprender cómo funciona la vida, la naturaleza y el Universo. Occidente equivocó el camino cuando intentó dominar la naturaleza. Podemos buscar en algunas circunstancias que la ciencia nos explique los misterios de la vida, pero a la hora de amar, lo científico es irrelevante y cuando tenemos hambre, solo importa la comida. Buscamos también comprender la vida desde los saberes despreciados y desde esa tecnología interior reservada para quienes se atreven a bucear en su espacio interior. Es que si no nos atrevemos a ir más allá de las fronteras normales establecidas por esta civilización, nunca descubriremos eso que presentimos: que la vida era otra cosa.

El guerrero chamánico se esfuerza por mantener la serenidad, sabe que fuera de ella su visión quedará distorsionada y sus actos equivocados. Él sabe que preguntarse abona la curiosidad e inaugura las necesarias búsquedas que dan sentido a la vida. ¿Qué es la realidad?..., me pregunto con frecuencia. Es la energía después de la interpretación de alguien, es esa materia prima que la organizó de determinada manera, sabiendo que lo que pienso y siento pobla mi campo energético y desde allá, influye en el Universo.

Chamanismo es dialogar con lo desconocido, jugar con los problemas y vivir conscientes de que toda frontera es temporal. Es aprender a detectar a tiempo la vida y recordar que la felicidad comienza con la superación del miedo. La felicidad es la inauguración del amor que da paso a la libertad, es aprender a sentirse seguro al interior de la más rigurosa inseguridad. Para que te sientas seguro, no hace falta que todo sea seguro sino que aprendas a convivir con la inseguridad, que hagas las paces con ella y que su incertidumbre no te impida saborear tu seguridad insegura.

Con frecuencia me pregunto qué hacer con toda una vida por delante expresada en un nuevo día, ese día llamado hoy y que no se repetirá nunca más con similares características. Chamanismo es profundizar la vida, es vivir la vida, es cuestionar y apartarse de los depredadores de la vida y sumergirse completamente en esta existencia. Soy lo que elijo ser al despertar, porque la vida comienza desde el momento en que me doy cuenta de lo que me está pasando.

Para el chamanismo somos un puñado de energía, una nube de intenciones. Con la muerte se dispersa la energía que de manera cohesionada posibilitó nuestra vida, pero el Universo sigue igual con nuestra partida, su indiferencia es la invitación a hacernos cargo de nuestra vida, instante a instante, generando un optimismo existencial que nos permita simultáneamente vivir conectados al Universo y al mismo tiempo saber que estamos solos, pero que somos guerreros y que el guerrero precisa experimentar nuevos desafíos.

Esa es la versión chamánica de la vida, sin embargo, estamos conscientes que es más fácil aprender que desaprender. Sabemos también que es muy fácil tomar malas decisiones en una vida sin sabiduría y que quien ha sido demasiado tolerante con la estupidez, tiende a negarse a cambiar y que ello es negar que la vida sea movimiento. Todo cambia, menos alguna gente que insiste en mantener comportamientos obsoletos y pensamientos rígidos.

Por fin podemos llamar a las cosas por su nombre, podemos decir, sin temor ni rubor, que la Madre Tierra se está muriendo, que es urgente que cada uno aprenda a fluir, es decir, a vivir con reverencia en un tiempo donde mucha gente vive tendiéndose una trampa a sí mismo al adaptarse a la infelicidad y percibirla como inevitable, en un tiempo donde la gente no sabe por qué compra.

En este tiempo, es el humano quien está llamado a ser ético para dar sentido a sus actos, ya que la estupidez parece ser patrimonio exclusivo del hombre. Vemos que el ser humano es la parte más imperfecta de la naturaleza, por eso requiere tantos cuidados, tanta educación para volverse humano, tanto protocolo. Pero si en el fondo no somos más que una constelación de virus, un puñado de átomos que luego irá a poblar otras circunstancias distintas.

El nivel emocional solo es un problema cuando no lo sabemos canalizar adecuadamente. Desde el enfoque chamánico, la razón y la intuición son las dos alas que tenemos para volar en la vida. Es urgente que identifiquemos lo que no necesitamos aprender. Aprender a vivir significa desarrollar la capacidad de crear lo que necesitamos, necesitamos por ejemplo no privarnos de lo mejor de la vida, que comienza cuando superas el miedo. Un favor: detente y saborea este momento. Recuerda, nacemos con la posibilidad de evolucionar; sin embargo, nacer biológicamente no es suficiente.

Chamanismo es una nueva manera de verse a uno mismo, a las relaciones interpersonales y a la vida misma. Es aprender a recordar, recuerda solo aquello que te sirva y deja que los masoquistas se compliquen la vida con aquello que les hace daño. Vivir es un ejercicio de poder cotidiano, tenemos el poder exclusivo de vivir como elegimos, no deleguemos ese poder. Por ello, es importante no olvidar que no estamos programados como las demás especies, nosotros los humanos tenemos que aprender a vivir. Recuerda también que tenemos un territorio fijo que habitar: la felicidad, pues aquí crece el árbol del amor que da los frutos de la libertad, que me permite ser yo mismo y garantiza mi salud.

Dijimos antes que el chamanismo es una nueva manera de vivir, la más antigua, vivir sabiendo que somos tiempo que transcurre y espacio que deambula, vivir sabiendo que quizá el presente no exista sino solo un flujo constante, vivir asumiendo el desafío de transformar la vida en plenitud, vivir iluminando nuestras emociones con la reflexión, sabiendo que aunque no podamos en principio controlarlas, comenzaremos por percibirlas desde su origen. Sabemos que el rebaño no reflexiona, que solo imita. Sabemos también que los protocolos de frivolidad pueden ser abolidos, que sin felicidad no hay vida, ni siquiera salud. ¿Hay vida después de la muerte?, nos preguntan con frecuencia. En realidad, lo que importa es que haya vida antes de la muerte.

Ayer le dije a un amigo: "¿Qué haces fuera de la vida?", no sé si me entendió. La vida no está completa sin el poder que emana de una vida coherente. Somos la continuación de los que ya no están. El cuerpo está programado para morir, quizá la mente no. En el fondo, nadie sabe lo que somos, pero sospechamos lo que podríamos ser. No aceptes no vivir, ni admitas felicidades imaginarias, no te prives de la intuición para vivir, recuerda que la felicidad no tiene sobredosis. A esta altura de la vida, quien no reflexiona, es un fósil esperando en vano una autopsia a la muerte.

Recuerda que la vida es un laberinto en el que precisamos al principio guía para no perdernos. La vida es una aventura que comienza cuando tú lo decidas. Me preguntan con frecuencia: "¿Qué hace

Chamalú?". Simplemente envío información al futuro, quizá algunos comprendan las claves y secretos aquí compartidos. Quizás seamos la última tribu que está consciente que somos hijos de la Tierra, los últimos que recordamos que la vida es mucho más que trabajar y consumir.

Gracias.

Chamalú
Cochabamba, Bolivia. Marzo 2013

¿Qué es IVESHAMA?

E s la sabiduría ancestral, el conocimiento de los Abuelos indígenas de los andes y la selva amazónica, convertida en una metodología capaz de trasformar vidas y dotar de poder a cada participante, para hacer de su vida, lo que cada uno sueña.

Durante muchos años Chamalú recopilo enseñanzas y secretos de Abuelas y Abuelos indígenas, los llevo a meditación, a reflexión y, posteriormente, después de 25 años enseñando en todo el mundo en forma de seminarios y conferencias, decidió elaborarlos en una metodología que permite un mejor aprovechamiento de esta sabiduría, convirtiéndola en una enseñanza práctica, aplicable a cada persona, con independencia de la formación que tenga, lugar donde viva y actividad a la que se dedique.

Jóvenes, adultos y ancianos, ahora pueden beneficiarse con estas sorprendentes enseñanzas que nos ayudan a vivir con salud duradera, con felicidad imperturbable, con amor incondicional, con lúcida libertad, además de recuperar nuestra sensibilidad y ese poder que nos permite gobernar nuestra vida y encaminarla a la realización personal.

Iveshama es lo mejor de la sabiduría ancestral, aclimatada a este tiempo y preparada para adaptarse a cada historia personal. Mucha gente ya se ha beneficiado con estas sorprendentes enseñanzas, impartidas directamente por Chamalú y su equipo de instructores chamánicos.

DATOS DEL AUTOR
Chamalú

D

e niño fue desahuciado por lo médicos de su país: Bolivia, pero su Abuela indígena quechua, con un ritual terapéutico le devolvió la vida. Creció en un bosque que actualmente ya no existe. En su adolescencia veía y escuchaba cosas que nadie le podía explicar, sus padres asustados le llevaron al psiquiatra, le dieron algunos fármacos, al poco tiempo dejó todo y comenzó a refugiarse en la naturaleza.

A veces escuchaba que una piedra o un árbol le hablaban. Sintió especial atracción por la montaña, un día la escuchó respirar, comprendió que estaba viva.

Creció escuchando los cuentos de su Abuela quechua. Cuando ella partió, buscó Abuelos para pedirles enseñanza, sentarse a sus pies, esa fue su primera universidad. De esa manera, recopilando conocimientos ancestrales, viajó por Bolivia, por Sudamérica y luego por todo el continente.

Un día, viajando por Europa en busca de más conocimiento, le pidieron que comenzara a enseñar, entonces recordó lo que el primer anciano indígena le había pedido y comenzó a compartir conocimiento. Sus conferencias comenzaron a llenarse de público, su primer libro editado en Barcelona, España, se agotó en dos semanas.

A mitad del año 2012 publicó su libro número cincuenta, varios de ellos fueron traducidos a otros idiomas.

Actualmente, ha dictado más de nueve mil conferencias y seminarios en más de mil ciudades de los cinco continentes. Fundó la Komunidad Janajpacha en 1990 con sus propios recursos y, posteriormente, construida y equipada, en acto de coherencia y desapego, la donó a la Komunidad misma. En el presente vive impartiendo enseñanza en todo el mundo, sin embargo, Chamalú no ha formado ningún grupo espiritual ni tiene seguidores. Invita a la gente a vivir en felicidad, amor y libertad y es un riguroso crítico del actual estilo de vida consumista, postura que le ha generado varias acusaciones y difamaciones, pero él continúa impartiendo su mensaje poético y llevándolo allí donde sea invitado.

Es creador del método IVESHAMA, metodología de crecimiento personal de inspiración Chamánica que se imparte en diferentes países.

Para conocer más sobre Chamalú visita:

www.chamalu.com